安藤忠雄

仕事をつくる

私の履歴書

日本経済新聞出版社

安藤忠雄

仕事をつくる

私の履歴書

日本経済新聞出版社

はじめに

今、日本が問われている。１９７０年代、世界中の人たちが日本の経済発展に目を見張った頃から、40年がたった。現在の日本はまさに瀕死の状態といっても良い。

『私の履歴書』を日経新聞の朝刊に連載していた２０１１年3月11日午後2時46分、東日本を大地震と大津波が襲った。

まさにその時間、私はアメリカ・ロスアンゼルス出張から帰国し、成田空港の上空にて着陸の態勢に入ろうとしていた。地上で何が起こっているのか機内ではわからないが、なかなか高度を下げず、旋回している。

どれほど時間がたったか、東北地方に大地震が発生して成田への着陸は不可とアナウンスされた。しかし地上とは連絡がつかない。難をさけ、やっと着陸したのは北海道千歳空港であった。しかも千歳は幾多の臨時着陸便でぎっしり。駐機地から陸に降りることができない。機長に急かしても管制官のみがそれをコントロールしているので、機長といえども、「いかんともしがたい」とのこと。

ずいぶん長い時間を機内で過ごした。陸に降りたのは夜中近く、しかも千歳周辺の宿は満室で、中心部より離れた温泉旅館の一室にたどり着いた。

テレビの報道では、ほとんどこれが今、同じ日本の東北地方に起こっているのかと目を疑うばかりの被害のすさまじさ。千年に一度起こるような大規模な自然災害を前に、人間のなんと無力なことか。呆然とするばかりであった。

翌朝、航空会社が提供する代替便はいつ、どこへ飛ぶやら。とにかく関西に帰りたい。幸運なことに神戸空港への朝一番の便がとれ、すぐに神戸へと向かった。

この国難ともいえる大災害の瞬間に空港に降下しているとき、若いころの旅先での出来事がふと心をよぎった。

仕事がら、旅を頻繁にする身であるからか、旅先で時に考えられないことに遭遇する。

1968年6月5日、アメリカの大統領候補指名選のキャンペーン中に、ロバート・ケネディが凶弾に倒れたとのニュースをベルリンの空港で聞いた。「ケネディが暗殺された」と人々が口々に叫び、足早に通り過ぎる様子がなまなましく思い出される。

63年、ロバートの兄、ジョン・F・ケネディ大統領が遊説旅行中、テキサス州ダラスで凶弾に倒れて5年後のことだった。ロバートは、ジョン・F・ケネディ大統領の司法長官として兄弟で、当時アメリカが直面していた重大な問題を解決へ導くために多大な努力をしていた。

62年秋の世界情勢を左右しかねないキューバ危機では当時のソ連のフルシチョフと対立しながらも米ソの和解の道をさぐり戦争を回避し、国内では黒人への人種差別を廃止すべく起こった公民権運動へも積極的にかかわり、人種の平等を訴えた。

兄ケネディ大統領はニューフロンティア政策を掲げ、『国民は国家にしてもらうことを望むより、国に対し何が出来るかを考えよ』と、国民を勇気付けたが、弟ロバートも、アメリカ社会を蝕むマフィアの追放や人種差別撤廃を訴え、また兄の死後、ジョンソン大統領時代にはベトナム戦争からの即時撤退を主張したり、60年代の激動のアメリカ社会にあって、理想をかかげ、数々の障害にたちむかった。

ジョン・F・ケネディ大統領、キング牧師、続いてロバート・ケネディと不当な凶弾の犠牲となった若い指導者たちの突然の死はアメリカをパニックに陥れた。

私たち、当時、20代の若者にとって、これら理想に燃えて命を落としたアメリカの指導者たちはまさしくヒーローであり、その後、本当の自由を求め世界各地に飛び火する、学生運動や労働者の運動の元となるバイブルのような存在となった。

そんな時代の空気をじかに敏感に感じ取れた私は、幸運といえる。

79年には、当時韓国の大統領であった、朴正熙が射殺されたが、その時もソウルの空港からまさにヨーロッパへと飛び立とうとしていた時であった。

直後に戒厳令が敷かれ、空港は閉鎖された。なんとも間一髪で他国へ逃れえた貴重な体験であった。

このような歴史の節目に旅先で遭遇することで、これから生きていく上で、自身が世界を見据え、歴史をしっかりと踏まえて何事も考えねばならないとの思いをより深くした。

2010年、元旦のNHKテレビで数人が集められ、これからの日本に何を期待し、どのような方向に日本が向っていくのかを、語り合った番組にパネリストの一人として参加した。

出演者一人ひとりに、こんな質問がなされた。「今の民主党の政権運営について採点をすれば何点を与えるか？」私は迷いなく「30点」と応えた。民主党の政権中枢にいる人たちにリーダーシップがないと思っていたからだ。

同席していた、当時、国家戦略担当大臣であった菅直人氏を目の前にして、塩川正十郎さんや日本電産の永守重信さんはもう少し高い点をあたえ、参加者からは「安藤さんは随分点が辛いな」といわれた。

しかし、震災後立ち上げられた復興構想会議のメンバーの一人として、被災地へも訪れ、何度か会議にも出席したが、いつも失望と無力感を抱いて、大阪への新幹線に乗ることになった。

私が提案する意見は具体的に過ぎるのか、数字を提示することで、政府としては実現への責任を負わされることをさけたいのか、常にそれ以上の議論がなされぬまま、途切れてしまった。

例えば、福島の原発の大事故を受けて、これからのエネルギー問題をどのように考えるか？　復興構想会議でも重要な議題としてとりあげられたが、私は、もし現在、原発への依存率が全エネルギーの30％であるなら、２０３０年には半分の15％を、その半分の7・5％は自然エネルギーへのシフト、そして7・5％を省エネルギーへの努力と半々に対応するように模索し、さらに10年後には残りの15％も全て代替のエネルギーで脱原発へというふうに、30年かけて、徐々に原発から代替の自然エネルギーを利用する方向へ転換するのが望ましいと考えている。30年かければ、現在のエネルギー抽出技術は格段の進歩をするであろうし、化学と物理学、科学とあらゆる知があつまって新しいエネルギーを生み出すことも可能であろう。既存の原発の老朽化がすすみ自然に廃炉としなければならないとなっても原発からの核廃棄物の処理能力もより確実なものへと進めていけるであろう。

資源の乏しい日本では唯一つ他国に勝るのは、失敗してもそこから学び、工夫を重ねて磨き上げる技術の高さだといえる。

原発全廃、すぐに自然エネルギーにシフトするべきとのヒステリックとも思える知識人たちの発言には首をかしげてしまう。これまで国策として原子力にエネルギー源を頼ってきたわが国において、その選択が正しかったとは思えないが、現実には原子炉にかたよった政策をかかげて生きてきたのであるから、その現実を直視し、20年、30年をかけて緩やかなエネルギー源のシフトをしていくべきではないか？

一般企業や国民にとってもエネルギーの問題は深刻で、安定したエネルギーが確保できなければ、企業はこの国を見捨てて他国へとその生産拠点を移すのはあきらかだ。

既に多種の企業が海外へと向かい、日本の産業の空洞化に拍車がかかり、失業率は大幅にあがり、地道に培ってきた技術力も途絶えてしまう。

これまでも問題になっていた資源、エネルギー問題、食糧問題、災害対策などに国をあげて、戦略的に対策を考え、被災地の復興をなしとげるとともに、日本という国家そのものの復活をめざしていかなければならない。

いまこそ、国民一人ひとりの意識の改革が必要であるし、リーダーたる政治家は存亡の瀬戸際にあるこの国をどのように建て直し、どのように運営していくのか、必死で考え行動してもらいたい。政治家も官僚たちもともに知恵をだしあい、勤勉なこの日本国民を正しい方向にむかって導くためには、利己的な狭い世界での争いを捨て、現実を直視し、国際感覚を磨き、歴史に学び、公の精神を取り戻し、働き続けなければならない。

もう一度この国が輝きを取り戻すために一丸となって考え、行動しなければならないと考える。

仕事をつくる　私の履歴書

目次

カバー写真　林景澤
ブックデザイン　アルビレオ

仕事をつくる

私の履歴書

建築家の仕事

独学でつかんだ天職

夢と現実 落差縮める

私の仕事をみて、「好きなことをやってお金をもらえるからいいですね」などと言う人がいる。他人のカネで自分のつくりたいものをつくる、うらやましい仕事にみえるらしい。しかし実際は、常に「現実」と渡り合う、一に調整、二にも三にも調整という地味で過酷な仕事である。

最初にぶつかるのが予算である。どんなに挑戦してみたいアイデアがあったとしても、予算の範囲を超えてしまえば依頼主は納得してくれない。困ったことに、大きな夢をもった依頼主ほど、たいていは予算が少ない。「リビングは広く」「天井は高く」「風呂場から景色を楽しみたい」……。要望を聞けばどんな豪邸を建てるのかと思ってしまうが、予算を聞くとその半分でも実現が難しいケースがほとんどだ。

夢と現実の隔たりを依頼主はなかなか理解してくれない。建設費を抑えなければいけないのに、打ち合わせを重ねるほど逆に要求が増えてくる。様々の問題をクリアしてやっと計画が固まり出したら、今度は施工会社と工事費をめぐってぎりぎりまで折衝に次ぐ折衝。そして建物が完成したら、待っているのは依頼主からのクレームだ。「リビングが思っていたより狭い」「天井が低い」。アイデアを重ね、苦心して到達した、夢と現実の折り合った「空間」。が、出来上がって初めて知る夢との相違に、思わず不平を漏らす依頼主もいる。

建築家の仕事は、日々苦難の連続と言ってもよいが、それでも人の命を安全に守り、安心して過ごせるようにするのがこの仕事の意義であり、そこに自分の誇りがある。また建築は、周辺の環境や社会に強い影響を与える。責任は大きいが、それだけやりがいのある仕事といえる。

中学校二年生のとき、自宅の長屋を改造し、二階建てに増築した。若い大工が一心不乱に働く姿

著者の生家

を見て、建築という仕事に興味を持った。大阪の典型的な下町に育ち、ものづくりには小さいうちから関心があった。しかし、家庭の経済的理由と何より学力の問題から大学進学をあきらめざるを得なかった私は、独学で建築を学んだ。

しかし、独学といっても勉強の仕方が分からない。京大や阪大の建築科に進んだ友人がいたので相談し、教科書を買ってもらった。それをひたすら読んだ。彼らが4年間かけて学ぶ量を1年で読もうと無我夢中で取り組んだ。朝起きてから寝るまで、ひたすら本に向かった。1年間は一歩も外に出ないくらいの覚悟で本を読むと決めて、やり遂げた。当時の私は意地と気力に満ちあふれていた。

つらかったのは、ともに学び、意見を交わす友人がいなかったことだ。自分がどこに立っているのか、正しい方向に進んでいるのかさえ分からない。不安や孤独と闘う日々が続いた。そうした暗中模索が、責任ある個人として社会を生き抜くためのトレーニングとなったのだろう。

そんな私が今日まで生きてこられたのは、学歴もなく社会的な実績もない若者に、ただ「人間として面白いから」という理由で仕事を任せてくれた古き良き「勇気ある大阪人」がいたからだ。あの人たちのおかげで、私は仕事をしながら建築を学ぶことができた。

私の歩んできた道は、模範というには程遠い。が、この一風変わった歩みが、若い人を少しでも勇気づける材料となれば幸いである。

アトリエにて

母の生家へ養子

厳しくも優しい祖母

小学校では年中けんか

1941年9月、私は父北山貢、母朝子の長男として大阪市に生まれた。日本が太平洋戦争に突入する3カ月前のことである。一人娘の母を嫁がせたため生まれる前からの約束で私は祖父母の家の養子になった。祖母安藤キクエが私の育ての親である。祖母は男勝りの人で、築港（天保山）で軍隊に食糧を納入する仕事をしていた。戦中はともかく、戦前は相当羽振りが良かったらしい。大変な犬好きで、シェパードを二十頭も飼っていた。

しかし、戦争末期の空襲ですべて灰になり、兵庫県に疎開した。やがて終戦となって大阪旭区・森小路の焼け残った長屋に移った。淀川に近く、典型的な大阪の下町で、碁盤屋や碁石屋、鉄工所などが立ち並び、家の向かいは木工所という職人の町。みんな気性が激しく、プライドが高かった。ちょっとしたことで大げんかになることも珍しくない。時に、怒号が飛び交った。

城北小学校に上がって間もなく、祖父彦一が他界し、祖母と二人きりの生活になった。祖母は、上方の合理的精神と自立心にあふれる明治の女だった。日用品を商うささやかな商売を手がけ、常に忙しくしていた。小言はあまり言わなかったが、「うそを言うな」「約束を守れ」「人には迷惑はかけるな」と、口うるさく言われた。

祖母は自分は食べたいものも我慢して、私に「栄養をつけなあかん」と言って、いろいろ食べさせる。子ども心にお金のないつらさを感じたものである。祖母は厳しかったが、私を大変かわいがってくれた。が、愛情を独占できたからかもしれない。私には身勝手なところがあり、人の意見を聞かない子どもだった。

四年生のとき、小学校に犬を連れて行ったことがある。隣の椅子に座らせていたら、「おまえ、

著者の祖母キクエ、愛犬に囲まれて

何やっとんのや」と先生にこっぴどく叱られた。

そのころは、手のつけられない子どもだったらしい。三日にあげずけんかに明け暮れ、近所のおばさんから「また、安藤さんとこの子や」とあきれられた。一度暴れ出したら止まらない。かけつけた祖母に、バケツの水を浴びせかけられようやく手を止める。放課後はいつも、淀川の河川敷を走り回った。魚釣り、トンボとり、野球に相撲。そして何よりけんか。何でもすべて体で覚えた。

当然、学校の成績は良くない。ほめられたのは運動会の時だけ。走るのがとにかく速かった。遊びは無我夢中。野球もけんか腰で、ホームベースに猛烈なスライディングをしたものだから、みなが怖がった。屋根より高く、二階から飛び移らなければならないような竹馬に乗って私は得意気だった。あまり高いものだから竹がしなって折れそうになる。他の子は誰も乗ってみようともしなかった。

ある日、増水した淀川の本流でコイ釣りをしていた。流れに足をとられないよう注意しながら、夢中になってコイを追いかけていたとき、一人の友人が足を滑らせて川に転落し、溺死した。怖いものが何もなかった私は初めて、自然の恐ろしさや人の命のはかなさを知った。

祖母は1977年1月24日、心臓発作で急逝した。当時最も斬新だった建築雑誌「都市住宅」の表紙に私の名前が掲載された2日後のことであった。「忠雄も建築で食べていける」。祖母はそう確信して旅立ったのかもしれない。

双子の弟、孝雄と
上―1943年　下―1995年

予期せぬこと

初めての大病におろおろ

家族の有り難さ思い知る

2009年夏、指揮者の小澤征爾さんのお招きで大津市にあるびわ湖ホールにオペラを見に行き、閉幕後に夕食をご一緒した。小澤さんとは20年来のお付き合いである。世界的な音楽家として高い評価を得ても、変わらず、気さくな人柄。その時も互いに仕事の話などせず、冗談を言い笑い合った。翌日から二泊三日で中国を駆け回ると言ったら、「僕も安藤さんも、才能はほどほどだけど体力は抜群だからね」と冷やかされた。

だが、人生は何が起こるか分からない。その1カ月後、健康診断で異変があると告げられた。精密検査をしてみると、十二指腸乳頭部の腫瘍で、大手術が必要だという。

10代後半に働き始めてから今日まで、大きな病気をしたことがなかった。わき目もふらず全力疾走で走り続ける毎日。それだけに、健康には人一倍気を使ってきた。その分驚き、あわてふためいた。

手術はかかりつけの大阪の病院で行うことになり、顔なじみの医師が「心配はいらない」と励ましてくれた。が、一方で「不測の事態に備えて」と、成否にかかわらず結果に関しては病院に一切責任が及ばない旨の承諾書を書かされ不安は増すばかりだった。

初めて直面する事態におろおろする私とは対照的に、妻は落ち着いていた。私たちには周囲の人々、とりわけ二十五人の事務所のスタッフの生活に対する大きな責任がある。どんな結果になるか分からない以上、最悪の事態に備えて遺言を書いておくべきだと妻は言った。

小澤征爾氏（左）と著者

手術の準備を進めながら、妻、事務所のベテランスタッフと進行中の仕事や事務所の運営をどうするか話し合った。そうしてあわただしく手術の日を迎えた。手術は9時間に及んだが、幸いにも「不測の事態」は起こらず優秀な医師団のおかげで無事終了した。

手術後は絶対安静に、便秘や下痢などちょっとしたトラブルが命取りだというので、昼間は、以前キリスト教系の病院に勤務していた実妹が付き添ってくれ、夜は妻がバトンタッチしてそばにいてくれた。「あなたはただ、良くなることだけを考えて休んでいたらいい」。二人の献身的な看護に助けられ、家族が自分にとっていかに大きな支えであるか、改めて思い知った。

しばらくは予断を許さない状態が続いたが、徐々に体調は快方に向かっていった。見舞客の対応が病後に一番よくないと考えて、病気のことは外部には一切伏せ、私は毎日ひたすら歩いて体力の回復に努めた。

が、どこで聞きつけたのだろう。ベネッセの福武總一郎さんと東京大学の鈴木博之先生が突然、病室に訪ねて来られた。お二人とも一言二言話してすぐ帰られたが、久しぶりに見た友人たちに私は大いに励まされ、回復への活力を得た。もっとも検査に来た桂三枝さんとばったり会ってしまい、3時間も話し込んだものだから翌日数値が跳ね上がって先生に叱られた。

1カ月ほどで退院したが、仕事もそれまでの半分のペースでこなし徐々に調子を上げていった。そんな折、今度は小澤さんに食道がんが見つかったというショッキングなニュースが届いた。

2010年1月である。私と同様、手術を受けて無事復帰された。その年9月、小澤さんと再会し、互いの苦しかった日々を語りあった。これから先も何が起きるか分からない。だからこそ、一日一日を全力で生きていきたい。

「数学は美しい」と熱血指導

勉強嫌いの心にも響く

大阪市立大宮中学校二年生のときだった。祖母が平屋の自宅を二階建てに改築することになった。工事に来てくれたのは、近所の若い大工さんだった。実によく働く人で、昼ごはんを食べるのも忘れて一心不乱に仕事をする。その姿をみてすごいと思い、建築という仕事に強く引かれた。屋根を解体し、天井にぽっかり大きな穴があいたとき、狭い長屋の薄暗い洞窟のような空間に、光が突然差し込んだ。私は思わず、その光の美しさ、力強さに心を奪われたのである。漠然とではあったが、建築という仕事にかかわることをしてみたいと思うようになった。

だが、学校の成績は相変わらずだった。勉強は苦手だが、遊びには人一倍熱心だった。近所の人たちは職人や商売人が多く、子どもに学校の勉強をしろとか、もっと本を読め、などと言う大人はいなかった。ところが、一人の数学教師と出会って思いがけず、自分が全く知らなかった世界があることを知らされた。

その数学教師が杉本先生だった。当時、大宮中学は一クラス五十人で一学年十四組あった。一学年に七百人もの生徒がいた。杉本先生はその中から選抜した四十人ほどの生徒を集めて毎朝、特別授業を行っていた。成績の悪い私もなぜか指名されて出席した。最近の学校は、平等を重んじる。先生が自分の判断基準で数学を特別に教える生徒を選別するなどということは、今ならとても考えられないことだろう。

先生の教え方は熱意にあふれ、まさに全力で教えるという表現が決して大げさでなかった。教室には緊張感がみなぎっていた。当てられてぐずぐずしていると、チョークやスリッパが飛んでくる。あげくの果てには往復ビンタである。今なら「暴力教師」の烙印を押されかねないほどだった。

中学生時代の著者

杉本先生は口癖のように、「数学は美しい」とおっしゃった。「美しさ」の真意は分からなかったが、先生がこんなに熱心に教えてくれるのだから、数学にはきっと何かがあると感じていた。他の教科には熱が入らなかった私にも、絶対的な回答が導き出せる数学は性にあっていたのか、おもしろいように理解できた。

祖母は根っからの大阪の商売人だった。非常に合理的な人間だった。が、ときに合理的過ぎると思えることもあった。宿題は全部、学校で済ませてこいと言うのである。私はその言いつけを守り、授業が終わるとすぐ学校で宿題を済ませた。教科書も学校に置きっぱなしである。

先生に「安藤はなぜ、家で宿題をせえへんのか」と注意されたが、本を持って帰ってまた持って行くのは不合理だと考えた。身勝手な子どもに先生方もかなり困ったことだろう。

祖母の言いつけを守ったおかげで、学校から帰ってくればあとは遊びの時間である。学校に置いてあるのだから、教科書を忘れてあわてることもない。

あの中学の数学特訓から半世紀ちかく経った。1968年、私が旅の途中で遭遇したあの五月革命の舞台となったサン・ジェルマン・デ・プレあたりには、パリを訪れるといつも足が自然に向う。先日も、仕事で行ったパリのそのあたりで立ち寄った書店で、ユークリッド幾何学の本を購入した。図や数式が美しくレイアウトされた大変美しい本だった。数学の美しさとは直接関係ないかもしれないが、先生のおっしゃっていた数学の美学をほんの少しだが理解できたような気がして、当時を懐かしく思い出した。

日本人は忍耐強く、緻密で繊細だが、独創力が無いというのが海外の一般的な評価だ。しかし、日本人の創造力も捨てたものではないと私は思う。ノーベル賞受賞者の多さを見ればそれは明らかだ。肝心なのは、若い頃、どのような形で学問と出会うか、そして可能性を最後まで信じて頑張りきれるかどうかだ。

2010年、ノーベル賞受賞者の野依良治先生、小柴昌俊先生、益川敏英先生をお招きして、私が設計に関わった淡路夢舞台にて子どもたちに向けての講演会を開催した。子どもたちの問いかけは非常に積極的で、逆に先生方が圧倒されるシーンもあったが、皆丁寧に語りかけて下さり大変有意義な会となった。

また私自身も2011年6月、大阪大学で三時間にわたり学生に講演と討論を行った。冒頭で私は、「1980年以降に生まれた若者はダメだ」と断言した。彼らの親は、日本が未来永劫繁栄していくものと勘違いして、子どもをしつけることをしなかった。子どもたちは過保護に育てられたがゆえに、自分たちで何一つ組み立てることが出来ないのだと。反発を示す者がいれば、自嘲的に認める者もいて、反応は様々だったが、どれも新鮮だった。

機会さえあれば、子どもたちは大きく羽ばたいてくれる。

私自身、熱心な大工と数学の杉本先生に出会わなかったら、建築の仕事にたずさわることもなかったと思う。

パリで購入した
ユークリッド幾何学の本

ボクシング

弟を追ってプロデビュー

「最後は自分」貴重な経験

２０１１年２月封切りの映画「あしたのジョー」を見た。俳優がぎりぎりの状態まで体を絞り込み、まさにボクサーになりきっているのに感銘を受けた。ボクシングでは減量によって、自身の肉体を極限の状態まで追い込んでいく。待っているのは殺（や）るか殺られるかの世界だ。試合の何週間も前から、恐怖感と減量の苦しみとの闘いが始まる。

高校二年生のとき、私はプロボクサーとしてデビューした。双子の弟、北山孝雄が半年早くプロボクサーになった。常に私の前を歩いていた弟に少しでも追いつこうと、私もジムに通うことにした。京橋に弟が通うジムとは別の大真ジムというボクシングジムがあり、練習風景をのぞくと練習生の姿が見えた。「これならいける」と思った。なによりけんかをして金ももらえる。こんないいことはない。四回戦ボーイのファイトマネーは四千円だった。当時、新入社員の初任給が一万円前後。一回の試合で四千円は悪くなかった。

1カ月でライセンスを得た。階級はフェザー級で、体重の上限は126ポンド。57・15キロだった。そのころ体重は62キロ。4～5キロ落とさなければならない。四回戦のボクシングは勢いと体力でなんとかなる。その自信はあったから最大の敵は減量だった。

試合が決まると、1カ月前から朝は牛乳だけ、昼はサラダとパン、夜も少々という食事が続く。最初のうちは、腹が減り過ぎて意識がもうろうとすることがしばしばだった。常に飢餓状態にあるからうどん屋やレストランの前は通れない。計量は試合前日の昼の12時からだったので、無事にパスすると猛烈に食べた。

タイで試合をしたこともある。トレーナーが誰か出ないかという。誰も手をあげないので私が行くことにした。セコンドもいない、言葉も通じない、助けてくれる人が誰もいないなかでの不安に満ちた試合だったが、引き分けで終わった。海外での試合はこれ限りだった。

大真ジムには、少し変わった経歴のボクサーがいた。2010年に亡くなったが、大阪歯科大生で天才的ボクサーだった黒木正克さんである。ある時、そのジムに当時圧倒的に人気のあったファイティング原田が訪ねてきた。

当時の娯楽といったら、プロレスやボクシングくらいだった。特にプロレスの力道山の人気は圧倒的だった。力道山の放つ空手チョップがシャープ兄弟ののど元にさく裂する。電器店の店頭に置いたテレビの前の日本人たちは歓声をあげて喜んだ。プロレスと並んで人気を集めたのがボクシング。なかでもファイティング原田の猛烈なラッシュは多くのファンを熱狂させた。

その原田の練習風景を目の当たりにした。本番さながらに3分間戦って1分間休憩する。その回復力のすさまじさに驚き、プロでのし上がっていくには才能が必要なのだと痛烈に思い知らされた私は、ボクサーの道をすっぱりとあきらめた。

結局、プロボクサーとしてボクシングに励んだのは1年半くらいだったろうか。しかし、私にとって貴重な体験だった。ロープに囲まれた四角いリングの上で敵と向かい合い、自らを奮い立たせて極限まで闘う。最後に頼りになるのは自分の力だけである。社会も私にとってはひとつのリングなのである。

17歳でプロデビューした著者

家計と学力の問題で断念

4年分の教科書を1年で読破

「本当に独学なのですか？」

海外の建築家と話をすると、決まって聞かれる。メディアで紹介される時も、「独学の建築家」という決まり言葉がつく。どこの国であっても、建築の世界では学歴が非常に重視されるなかで私が大学で建築を学んでいないという事実は珍しいのかもしれないが、何も好きで独学の道を選んだわけではない。

高校時代、既に建築の道を意識していた私は、大学に進みたいと思っていた。が、家庭の経済的事情に加えて学力の問題があり、大学進学はあきらめざるを得なかった。卒業したら祖母に代わって私が生活費を稼がなければならない。

中学生の時、自宅の改築時にやってきた大工の、一心不乱に仕事に打ち込んでいた姿を見て、これはおもしろい仕事にちがいないと直感した。何とか建築の仕事ができないものか。悩んだ末、祖母に相談した。祖母は「何があっても絶対にあきらめず、全力で取り組むんやったら、好きにしたらええ」とだけ言った。

働きながら、勉強しよう。私はそう決心した。

が、何をどう勉強すれば良いのかが分からない。大学の建築学科に進んだ友人に頼み、授業で使う専門書を何冊も買った。その教科書を読もう。読んで読んで、読みまくろう。友人たちが4年かけて理解するのを1年で読破しよう。読むだけでは理解できないことも分かりながら、朝起きてから寝るまでひたすら本に向かった。それが最良の方法だったのか、今でも分からない。それでも意地と気力で1年間やり遂げた。

つらかったのは、同じ立場で語り合う友人も、導いてくれる先生もいないことだった。不安と孤独。何とか気を紛らわそうと、また本に熱中した。そして1年間が過ぎ、今度は建築は勿論、デッサン、グラフィックデザイン、インテリアなど建築におよそ関係のありそうなことは手あたりしだいに通信教育で学んだ。とにかく建築で食べていきたい。必死だった。昼はアルバイト、夜は通信教育の毎日を過ごした。

大阪、道頓堀にある老舗の古書店、天牛書店で、ル・コルビュジエの作品集と出会ったのもこのころだった。が、高価すぎて手がでない。ほかの客に買われないように、書店に行くたび本を下に移動させた。次に行くと、また人目につきやすい前に並べられているのをまた下に隠すというやりとりの数カ月後にやっと購入した。眺めているだけでは飽きたらず、図面を書き写した。すべての図面を覚えてしまうくらい、何度も何度もコルビュジエの線をなぞった。実物を見たい。その思いは日増しに強くなるばかりだった。

本との付き合い方が大きく変わったのは、20代初め。神戸・三宮の地下街で店舗デザインの仕事をしていたころだ。神戸新聞社の田中寛次社長に声をかけられたのがきっかけである。楽しそうに仕事をしていると興味を持ってくださったらしい。

田中さんから薦められたのが、吉川英治『宮本武蔵』全六巻だった。それを三度読めという。結局三巻を一度読んだだけだったが、「自立した人間として生きていくには覚悟がいる」ことを教えられた。それまで読んでいたのは建築の専門書だけだった私にとって、貴重な体験だった。

その後も、様々な文学との出会いがあった。中でも幸田露伴の『五重塔』には大きな影響を受けた。主人公ののっそり十兵衛は師匠を差し置き、強い意志をもって五重塔建立の仕事を勝ち取る。落成式を翌日に控えた日、江戸の町は暴風雨に襲われるが、十兵衛は「塔が倒れるときは自分が死ぬ時」と、自ら塔に登る。そんな十兵衛の決意の姿に建築家として生きる覚悟を学んだ。

和辻哲郎の『古寺巡礼』『風土』との出会いも、私に大きな影響を与えた。地域が持つ特性を的確に捉え、つくり手の思いや住み手の思いなど、様々な人々の思いを一つに重ねることではじめて、「そこにしかできない建築」が生まれる——和辻の文学が教えてくれたことが、いつしか私の建築に対する一貫したテーマとなった。

その和辻を中心とした文学資料館である「姫路文学館」の設計に、40代になってたずさわることになろうとは、夢にも思わなかった。そこでは「和辻哲郎文化賞」も設けられた。一度、その審査会の現場を目にしたことがある。審査員は陳舜臣、梅原猛、司馬遼太郎。普段は仲の良い三人の先生方が、喧々諤々、お互い決して譲らず意見をぶつけあう光景に驚いた。本来賞の審査には公正さが求められ、審査員には大きな責任が伴うが、日本における賞レース（とくに建築や芸術の賞の審

吉川英治の『宮本武蔵』には大きな影響を受けた

司馬遼太郎記念館　三層吹き抜けの空間を本棚が囲む

定権が決まり、議論にすらならないケースが多い。妥協の無い審査のあり方は、文学に対する三人の真摯な姿勢の表れともいえる。

その後も梅原先生や司馬さんとは個人的にも時々お目にかかる機会があった。司馬さんは1996年に他界されたが、その膨大な著作を読むことは、今、私の楽しみの一つとなっている。なかでも綿密に調べ上げられた紀行文、旅行記、そして講演集など、生前に司馬さんと短いが親交をもっていた縁もあり、いつも臨場感をもって読ませていただいている。

東大阪のご自宅の庭続きに、司馬遼太郎記念館を設計する機会もいただき、司馬さんが頭のなかにめぐらせた歴史とは、日本人とは、生きるとはなど、つねに彼が問いかけ続けたことを私自身も問いかけながら生きている。

建築行脚

丹下作品に感動しきり

土着の民家にも心ひかれる

独学で建築の道を歩むと決意した私は本を読むことから始めた。と同時に、作図の基礎、グラフィックデザインなどは通信教育で学んだ。しかし文筆家が膨大な量の本を読むのと同じように、建築家は空間を身体で体験する必要がある。

建築の世界に興味を持ち始めた高校生の頃から、京都や奈良の建築を見て歩いたが、社会に出てからは次第に目的意識を持って、足しげく通うようになった。京都の伝統的建築でも、書院や数寄屋など、時代と様式によって異なった表情を見せる。また、法隆寺や東大寺など奈良・飛鳥時代の建築を中心とした奈良は、京都とは全く違う世界を創りだしている。日本の建築の真髄(しんずい)を理解したいと見て廻った。

22歳(1963年)、大学に入っていれば卒業の年にあたる時期に、たった一人の卒業旅行を企てた。大阪から四国に渡り、四国から九州、広島を巡って北上し、岐阜から東北へと、建築行脚を

丹下健三設計の広島平和記念資料館

こころみた。

中でも最も衝撃的な体験をしたのは、広島の平和記念資料館を、夜、訪れた時だった。11時、周囲は静まりかえり、ほとんど光のない中で、ピロティー越しに原爆ドームの不気味な姿を見た。戦争の無惨さをひしひしと感じた。建築雑誌で見て目に焼きついていた平和記念資料館のモダンで端正な表情はそこには無かった。生の空間の迫力に、建築の持つ力を、まざまざと思い知らされた。この旅の目的の一つは、日本の近代建築を牽引していた丹下健三の作品を見ることだったが、その感動は期待以上だった。

一方、各地に点在する伝統建築、とりわけ白川郷、飛驒高山といった土着の民家の空間にも心惹かれた。特に、月明かりの下、民家の中で闇に吸いこま

奈良の東大寺

れるようにそそり立つ大黒柱には、現代の建築では味わえない感動を覚えた。人々の生活が空間に結実し、それが自然と一体となってつくりだす風景。本当に美しかった。

日本の原風景とも言えるこのような集落の風景はやがては失われてしまう。そう感じたとおり、50年近く経った今、工業製品を多用し、表面的には汚れにくい現代建築が田園風景にまで侵食している。

自ら体験し、学び、得た感動は、本や伝聞では決して伝わらない。

現在、私の事務所では、「サマースクール」と称して、学生に体験学習をさせている。長期の休みを利用して、事務所にアルバイトに通うかたわら、テーマを一つ定めて、週末を利用して、京都・奈良などの古建築を研究する。1カ月の滞在で八回、現地を訪れることが出来る。まる一日かけて、徹底的に研究する。そうすると、寺院などでは、その情熱に応え、なかには普段見られないようなところを特別に見せて頂けることもある。大学の授業や読書だけで勉強した気になっている学生には大変貴重な経験である。熱意ある人間は、人を動かすことが出来る。

「サマースクール」の最後には、研究内容をレポートにまとめてもらう。分量や体裁などは、全て学生が自分で決める。1カ月、研究した内容を自力でまとめると、最初は頼りなかった学生の顔つきが、にわかにしっかりしてくる。

去年の夏に来た学生の一人は、東大寺の南大門を選んだ。よほど熱心に通ったのだろう。レポートには驚くほどすみずみまで丁寧に描かれたドローイングが付されていた。

南大門は、東大寺中興の祖である、俊乗坊重源（しゅんじょうぼうちょうげん）によってつくられたものだ。大仏様（だいぶつよう）と呼ばれるその建築は、形式美が伝統の日本建築史の世界にあって、実にシンプルで力強く、ダイナミックだ。私自身、初めて見たとき、壮大なスケール感、迫力ある空間に圧倒された。その感動が今も心に棲みついて、自身のイマジネーションの源泉の一つになっている気がする。モノをつくろうとする人間にとって、大切なのは、どれだけの感動に出会えるか、それを若い多感な時代に積み重ねられるかにかかっているのだと、改めて思う。

２０１１年夏、東京工業大学の学生が二人、「サマースクール」に参加したいと申し出てきた。しかも東海道を自転車で走って大阪まで来るという。私は即座にその二人の勇敢な学生を事務所に受け入れることにした。途中、事故にもあいながら、真っ黒に日焼けした若者が事務所に無事にたどりついた。こんな野性を残した青年が今、いることに感動した。彼らはよく働き、週末には京都にて古寺の研究もし、秋には東京へ帰っていった。先が楽しみである。

私自身、旅の経験から多くを学んだ。とにかく自分なりの見方というものを探りながら考え追求しつづけた。ただ建築物の表層を見るのではなく、つくり手の人間性やその人生、そしてその建築が出来た時代性も含めて、読み取らなくてはいけない。ひたすら歩いて建築を見ながら、思考を巡らす。その経験が、貴重な財産となる。

若手が集まり互いに刺激

ジャズには即興性学ぶ

10代の終わりごろになって美術に興味を抱くようになった。昼はアルバイト、帰ってくれば勉強の毎日。私のなかの何かが絶えず、「面白いもの」を欲していた。「けんかや」。そんな声を聞いただけですっ飛んで行く。ストレスもたまりにたまっていたようだ。そんな時に突然、見なれぬものに出会う。具体美術協会の作品だった。

具体美術協会は、関西の抽象美術の先駆者、吉原治良と阪神在住の若い芸術家たちが1954年（昭和29年）に結成した美術家グループである。その機関誌「具体」の創刊号には「われわれはわれわれの精神が自由であるという証しを具体的に提示したいと念願しています」という吉原の言葉があり、そこから「具体」の名がついた。

吉原製油の社長でもあった吉原のモットーは「これまでにないものをつくれ」。床のカンバスに絵の具を投げつけ天井にぶら下がり足で絵を描く白髪一雄、つい立ての紙を突き破るパフォーマンスの村上三郎、壁も天井もすべてを記号で埋め尽くす向井修二、多彩な色の絵の具を重力に委ねて表現する元永定正……。

後から聞くと、彼らは「こわいなあ」と私のことを見ていたらしい。向井修二は「一人、裸で刀持って走っているようなやつや、危ないなあ」と言っていた。元永定正も、「安藤というやつは、抜き身で走ってきたおそろしいやつや。近寄らん方がいい」と言っていたという。

著者が購入した吉原治良の作品

1950年代後半から60年代前半。戦後の暗い影がようやく姿を消し、日本に明るさが戻ってきた時代だった。ちょうどそのころ、大阪・梅田のOS劇場の裏手にコーヒーショップなどができた。人がどうにかすれ違えるくらいの路地を入っていくとパチンコの景品換えの小屋に並んでジャズ喫茶もできた。

チェックという名前の喫茶店で、天井の低い、高低差のある不思議な空間は、記号で埋め尽くされていた。記号はほかでもない、向井修二の作品だった。床を除き、壁や天井はモノクロで数字とアルファベットが描かれ、洗面もトイレも覆い尽くされていた。

それは見たこともない空間であり、衝撃であった。そこにモダンジャズがみごとに調和し、自由で奔放なエネルギーが空間を満たしていた。私は足しげく店に通い、一日に四時間も五時間もすわってジャズの刺激的世界に身をゆだねた。デイヴ・ブルーベック・カルテットの名曲「テイク・ファイブ」を初めて聴いたのもここだった。

建築には合理性と技術のほかに即興性も必要である。モダンジャズは即興の芸術といわれる。また具体も、既成の概念にとらわれない新たな美術の可能性を探求した芸術家集団である。偶然にも時代を象徴する二つの文化と出会い、私は目を開かされた。

私がそのころ最も影響を受けた芸術家にアメリカ現代美術のジャクソン・ポロックがいた。絵を描くという行為そのものにこそ絵を描く意味があるとしたポロックに刺激されて、私はこれまでにないものをつくりたいと思うようになり、インテリアの設計を始めた。設計料を請求したら、すんなりと払ってくれた。これは儲かると思い、建築家への道を歩み始めた。

「人のまねをするな」と口うるさく言った吉原。自分で計画を作って行動し、自分で責任を取る。私はそのやり方を吉原に学んだ。

家族

仕事上も妻と支え合い

冷静さ、気遣いに助けられる

妻、由美子と知り合ったのは1968年。どこにも属さないフリーの建築家としていろいろな仕事をこなしていた。が、常に先行きに不安を抱えていた。そんな時に知り合った。具体美術協会の向井修二の紹介だった。

由美子の父、加藤泰は大分県別府の出身で鷹揚（おうよう）な人柄。当時、神戸有数の繊維会社であった竹馬（ちくま）産業の取締役東京支店長だった。46年秋、旧満州（現中国東北部）から妻フミと三人の幼子を連れて命からがら引き揚げ、戦後の混乱のなかを全力で会社を立て直しながら家族を守ってきた。出張で飛び歩く毎日。休む間もなく走り回っていた。そして71年に突然、脳内出血で亡くなった。享年62歳の短い人生だった。

「戦前、戦後を通して一生働きづめだった」と妻は言う。義理の父、子の間柄となって2年。双子の弟孝雄のことも親身になってくれた。もう少し長生きしていろいろ話が聞きたかったと、今でも思う。

妻とその兄弟たちは、みな優秀で四人のうち三人が関西の名門校である関西学院大学を卒業、姉は神戸女学院に学んだ。兄忠彦は日立製作所、姉美恵子の夫はオンワード樫山に勤務。弟文彦は今も京都女子大学で英文学を教えている。阪神間に暮らす典型的な中産階級の家庭といえるだろう。

それに引き換え、私には祖母という保護者はいたが、家族はいなかった。勝手気ままに育ったため、身勝手で人の意見に耳を傾けない。自分の育った環境と全く違う加藤家の温かい空気に触れて、私はうらやましいと思うと同時に、多くのことを学びもした。妻は丁寧で礼儀正しかった。それはお互いを思いやる温かい家庭の中で育ってきたからにほかならない。加藤家の人びととつき合うな

妻の由美子（上）と義母の加藤フミ

かで、礼儀や思いやり、そして誇り高く生きることの大切さを知った。

中でも妻の母、加藤フミは凜とした雰囲気をもった人だった。三人の子どもを命懸けで守り、日本に引き揚げてきた強い女性でもあった。義母とは阪神・淡路大震災の後、亡くなるまで10年近くともに暮らした。２００４年、93歳で亡くなったが、最後まで堂々とした美しい人だった。ともに暮らしはしたが、一度たりとも私の仕事場には足を踏み入れなかった。妻の兄弟たちも同様である。

夫婦二人で始めた事務所のスタッフとして、妻は今も事務所の運営に携わっている。仕事中の私はいつも、荒れて怒りまくっている。妻はそれを見守り、冷静な判断で所員を気遣ってくれる。妻の働きがあってどうにか事務所内のバランスが保たれているように思える。事務所を設立してからもう40年以上の年月が過ぎてしまったが、私も妻も、どちらが欠けても事務所は成り立たない。

建築の業界では、「安藤のところの事務所は誰が営業をしているのか」と不思議に思われているようだが、どんな仕事も一人ではできない。特に建築のようにチームワークが必要な仕事では、しっかりしたチームをつくることがきわめて大事である。

高度経済成長期以前の日本人は、お互いが支え合って地域社会を維持してきた。家族も社会を構成する最小単位のチームである。散々言われてきたことかもしれないが、私たちは改めてもう一度、家族の大切さを見直すべきではないだろうか。

パリ、デファンスにて
友人の建築家のポール・アンドリューと
著者、妻の由美子

目標果たす覚悟

専門書片手に昼ごはん

気力・集中力・目的意識が肝要

「あなたは一級建築士ですか」。ある日の打ち合わせで、依頼主から突然、尋ねられた。20代の初め。アルバイトとはいえ、家具、インテリア、住宅の設計に全力投球で取り組んでいたころである。

当時、私は二級建築士の資格すら持っていなかった。そう答えると、「資格もない人間に頼んで大丈夫だろうか」と、心配そうな表情を浮かべている。「資格がなんや」と反発したい気持ちもあったが、ただ黙り込むしかなかった。

調べてみると、建築士は建築を職業にする者にとって、必要不可欠な資格であると分かった。大学も建築の専門学校も出ていない私は、この国家試験を受験する資格すら与えられていなかった。二級建築士の試験を受けるには長い実務経験が必要だった。二級建築士の資格を得て、さらにそこから一級建築士の試験を受けるには3年以上の実務経験がいる。

高校で建築を専攻していなければ、まず二級を受けるのに実務経験が7年以上必要だという。その時には絶対に一発で合格しようと覚悟を決めた。しかし、昼間の仕事から帰ると体はもうくたくたである。勉強をしようとしても眠気に襲われる。

そこで昼飯の時間を節約することにした。朝、仕事場に行く前にパンを二つ買っておき、それをかじりながら建築の専門書を読むのである。日曜日には、電車で奈良や京都に出かけて寺社を訪れ、そこで本を広げた。当時二級建築士の試験は主に木造建築だったから、一挙両得であった。

昨日まで一緒に昼ごはんを食べに行っていた人たちは、「安藤は頭がおかしくなったのか」と、いわんばかりの冷たい視線を私に向けていたようだ。が、そのおかげで二級建築士に合格できた。仕事仲間に知らせると、「よう、がんばったなあ」とほめてもらえた。

3年後には一級建築士の試験が待っていた。数学や物理の知識が必要な問題が出る。大学教育を受けていない私は苦戦を予想したが、とにかく「石の上にも三年」の気迫で頑張り通した。こちらも一発合格だった。

1956年（昭和31年）の経済白書は「もはや戦後ではない」とうたった。それに前後して54～57年の神武景気、58年には岩戸景気の始まりと続き、日本は経済規模を急拡大させる。そして60年12月の第二次池田勇人内閣発足、所得倍増計画が正式決定となる。世界を驚かせる高度経済成長の始まりであった。

その、日本経済がまさに急拡大していく時代を背景にして、私は建築家への道を本格的に歩みだ

事務所を開設したころの著者（1969年）

した。

今、私の事務所のスタッフには、一流大学の大学院で建築学を修めた人が大勢いる。高度な知性を備え、試験も得意なはずだが、なぜか一級建築士の試験となると、合格率は高くない。それも一度のみならず、何度受けても不合格という人もいる。私が受験したころに比べて難易度が上がっているのは間違いないだろうが、少々気迫が足りないのではないかと思ってしまうのは私だけだろうか。気力、集中力、目的意識。強い思いを持つことが、自らに課したハードルを越えさせる。

20代の初め、私に「一級建築士ですか」と聞いてくれた依頼主には、感謝しなければならない。

旅行

7カ月ひとりでヨーロッパへ

建築は「人が集い語らう場」と実感

旅はひとりに限る。ただ一人見知らぬ国を歩く。目指す建築をやっと見つける。不安な道中に希望の明かりがみえる。建築をめぐりながら、自分自身と対話する。まさに歩きながら考える。若い頃、何度となくこんな旅を重ねた。

私は、20代の旅の経験から多くのことを学んだ。一人旅の道中では、考えるしかない。逃げることができない。お金もない、言葉も通じない。思い通りにいかないことが多く、毎日が不安と緊張の連続。頼りになるのは自分の体一つ。しかしそれは、人生も同じことなのだと思う。

ル・コルビュジエの作品集と出会って以来、海外に出て、実際に西洋の建築を見て廻りたいと思う気持ちは、日増しに強くなっていった。

その頃、堀江謙一が小さなヨットで、ただ一人太平洋横断に成功した。当時、20歳を過ぎて間もなかった私は、3歳ほどしか違わない若者が成し遂げた快挙に感動し、おおきな刺激を受けた。私も行ってみたい。行ってみよう。

1965年、一般人の海外旅行が解禁になった翌年に、アルバイトで貯めたお金を集めて、ヨーロッパに行くことを決意した。当時は一ドル三百六十円の時代。持ち出しは五百ドル（約十八万円）までという規定があった。現在は一ドル八十円を切っている。しかもインターネットで簡単に世界を見ることが出来るが、当時のヨーロッパは、とにかく「遠い世界」だった。

生まれ育った下町で、外国に行った人はいなかった。近所の人たちと水杯を交わし、二度と帰って来られないかのような雰囲気の中で出発。今考えれば笑ってしまうが、大きなリュックの中には、歯ブラシ十本や洗濯石鹸十個、薬や下着を山ほど詰め込んだが、心の中もまさに不安一杯の旅立ちだった。

横浜まで列車にのり、横浜港から船でナホトカに渡った。ハバロフスク、モスクワ、レニングラード、ヘルシンキを経由して最終目的地のフランスへ。船上では、ひたすら水平線を眺めた。ハバロフスクからモスクワまでシベリア鉄道で1週間。今度はただただ地平線を眺める。地球の大きさを実感すると同時に、世界はつながっていて、一つなのだという当たり前の事実に、改めて気付かされた。

ヨーロッパにたどり着き、最初に足を踏み入れたのはフィンランドだった。極北に近く、気候は厳しかったが、建築を見るには絶好の季節だった。太陽が沈むことのない白夜である。体力の続く限りひたすら歩き続け、建築を見て廻った。その後、スイス、イタリア、スペインの各地を回った。ル・コルビュジエに会いたい一心でスタートした旅だったが、私がフランスに着く直前に、他界していた。しかし、この旅ではじめて、ル・コルビュジエの作品の数々を自分の目で見て、体験することが出来た。

数々の西洋建築を見て歩くうち、建築とは、人間が集まって語り合う場をつくる行為にほかならないと、気付いた。旅に出る前、友人から、「ローマのパンテオンとギリシャのパルテノンは必ず見ておけ」と言われた。しかし初めて訪れたパンテオンはよく理解できなかった。知識が不足していたのだ。その後数年おきに、何度か訪れ、自分なりに解釈を深めていった。パンテオンでは、はじめは天窓から差し込む光に圧倒された。次に訪れたときには、四十三メートルの球状の空間、その均整のとれた形に心を奪われた。さらにその次には、その空間に溢れる讃美歌の響きに深い感銘を受けた。そして何度目かに「集まりくる人々の心と心をつなぎ、感動を刻み込むのが建築の真の価値なのだ」と、強く認識した。

その後、マルセイユから貨客船、MMラインで日本への帰路につこうとしたが、肝心の船がなかなか来ない。出港まで1カ月近くも足止めをくった。他にすることもなく、毎日のように近くにあったコルビュジエ設計の集合住宅ユニテ・ダビタシオンを見て過ごした。所持金はほとんど使い果たしていたので、やっと船が出港した時、ホッとすると同時に何とも心細かった。安価な貨客船

上―シベリア鉄道でハバロフスクからモスクワまで1週間

左―インド洋上、僧の指導で座禅を組む

には、ヨーロッパで勉強してきた学者や、オートバイで放浪していた青年、絵描きの卵、宇治萬福寺の僧侶などさまざまな人たちが乗り合わせた。灼熱の太陽の下、焼け付く甲板で座禅を組んだりして時間を過ごした。

こうして約1カ月、アフリカのケープタウン経由で、マダガスカル、インド、フィリピンに寄って帰国した。アフリカでは寄港するわずかな時間に陸に降り、自分のシャツなどを現地の人が差し出す木の彫像や面などと交換した。コールタールを流したような漆黒のインド洋、見渡す限り海だけの空間で、満天の星空の中でひときわ輝いていた南十字星が、今でも心に焼き付いている。

インターネットが普及し、単なる情報としての知識が飛び交う現代の社会では、50年近く前に私が体験したように、世界の姿にじかに触れ、感動を得ることは、難しいだろう。7カ月にわたる旅の経験は、私にとって貴重な財産となった。

大阪

強い思い 放っておかぬ街

優しさ、大胆さ育てられる

15年ほど前から、東京での仕事が増えている。周囲からは「事務所を移したら」とよく言われるが、そのつもりは毛頭ない。私は大阪に生まれ育ったことに誇りをもっている。とくに昭和の初めに、道路幅四十三メートル、長さ四キロの御堂筋を構想した時の関一(せきはじめ)市長と、それを実際につくりあげた大阪の市民を思うと、このまちに生まれてよかったと心から思う。多くの不便があっても、私は最後まで大阪を拠点として、ここから東京へ、そして世界へ発信していきたい。独学で建築を学び、学歴も社会基盤も無い私を育ててくれたのは、大阪の街と人だと考えているからだ。

1963年、初めて購入した建築雑誌「新建築」に載っていた、竹中工務店の岩本博行が率いる設計チームの「国立劇場」のコンペ当選案(63年)に惹(ひ)かれた。建築が社会から注目を浴びていた時代でもあった。

その後、竹中工務店にいた友人の案内で、ＳＤＲ（スペシャルデザインルーム）に忍び込むようになった。竹中工務店にとって重要なプロジェクトを設計する部署で、竹中の社員でも簡単には立ち入れない。こっそり友人を訪ねていたら、社長の竹中錬一さんに見つかった。根っからの建築好きの竹中社長はよくこのＳＤＲに顔をだしては新しい建築を楽しんでおられたらしい。「どこから来たのですか」と聞かれたため、忍び込んだと、正直に伝えたところ、「よくこんな奥深いところまで。勇敢ですね」と、感心されてしまった。「建築を志しています」と伝えたら、「頑張って、最後まであきらめずにやりぬいてください」と、祖母と同じ言葉で励まされた。

数カ月後、懲りずに忍び込んでいたら、また錬一さんに見つかった。この時は、同じビル内の地下にあった竹葉亭で昼食までご馳走になった。錬一さんのおおらかさと優しさに、人間としての深い魅力を感じた。

１９８０年代終わりごろ、大阪中之島にある中央公会堂の再生案を考えた。中央公会堂は岩本栄之助という株の取引仲介を生業としていた事業家が、昭和初期、建設費の全額を一人で大阪に寄付をしてできた、市民の心意気のこもった建物である。

老朽化もあり、この建物を壊して建て直す計画が沸きあがっていたのを耳にした私が再生したいと考えたのは、誰かに依頼されたからではない。一方的な都市提案の一環だった。既存の公会堂の

大阪
67

中央公会堂の写真に描いた再生案のスケッチ

外観と構造はそのままに、内部にコンクリートの卵型ホールを挿入して再生する案だったが、行政には全く受け入れてもらえなかった。

しかし、発表されたその案を見て、「面白い」と突然事務所を訪ねて来られた人物がいた。アサヒビールの社長、樋口廣太郎さんである。その後、樋口さんには、京都・山崎で、アサヒビール大山崎山荘美術館の設計を任せていただいた。ニッカウヰスキーなどの筆頭株主であった実業家・加賀正太郎が大正時代につくった洋館を改修し、新たに美術館として再生する計画だった。何の面識もなかった樋口さんが突然来られたことにまず驚かされたが、設計の依頼までされるとは、本当に思ってもみないことだった。

同じころ、サントリーの佐治敬三さんからもミュージアムの設計依頼を受けていた。両社は共に関西発祥の典型的なライバル会社。同時に引き受けるのは、大変勇気のいることだったが、お二人とも嫌な顔一つ見せず私の意に介さぬおおらかな自由を理解してくださった。この気持ちの良い割り切りと勇気が、かつての大阪の元気を支えてきたのだろう。

大山崎山荘の工事中に、新たにアサヒビール社長に就任された瀬戸雄三さんとも知り合った。瀬戸さんからは、後に神奈川県で二万坪に及ぶ、環境に配慮した森の中の工場づくりを手伝ってほしいと依頼され、仕事をご一緒させていただいた。現在は、大山崎山荘の増築計画を進めている。関西育ちの瀬戸さんはお話も面白くスマートな方で、いつお会いしても楽しい。

こうして、中之島のプロジェクトを通じて、色々な方に声をかけて頂いたのだが、何より驚いたのは京セラの創業者、稲盛和夫さんから「私に公会堂の卵を一つ分けてくれないか」と言われたときである。御自身の母校である鹿児島大学にホールとして寄付するのだという。人間を育てる場所である大学につくるのに、生命を生みだす卵のイメージほど相応しいものはないだろうと。その思いに応えようと、コンクリート打ち放しの卵型で、表面に埋め込んだ無数の光ファイバーが内部に星空のような空間をつくりだす建築を、懸命につくった。厳しい経営者としては当然ともいえるが、稲盛さんには「卵が割れていたらお返ししますからね」と言われていたので、卵のコンクリートが無事打ち上がったときには、施工会社と胸をなでおろした。

儒教的精神を御自身の思想の柱とされている稲盛さんは、ホールをご両親の名にちなんで「キミ&ケサ　メモリアルホール」と名付けられた。

自由で大胆な経営者や文化人たちとの出会いから、私は多くのことを学んだ。一人の人間が発する強い思いに対しては、全く縁がなくても、必ず反応してくれる人がいるのが大阪である。人間同士が近くて面白い。私もまた、大阪人であることに誇りを持っている。だから、死ぬまでこの地で仕事をしたい。

中之島プロジェクトII［アーバン・エッグ］セクション・ドローイング

文化の先鋭たちが躍動

活気に満ちた日本を象徴

日本が経済成長を続けた1960年代は実に面白い時代だった。自動車も電器製品も工場はフル稼働で新しい製品をどんどんつくりだす。国内の需要に加え海外からの注文は引きもきらない。つくればつくっただけ売れ、資源はなくても産業立国として、国際的にもその存在が認められてきていた。

1964年の東京オリンピックの成功を経て70年の大阪万博へ。国じゅうが沸き立っていた。当時の日本は、国民一人ひとりが前向きで、顔も生き生きしていた。

67年、注目され始めていた家具デザイナーの倉俣史朗と知り合った。倉俣の新作のショップの壁画を担当したのは横尾忠則。ほかにグラフィックデザインの田中一光、紅テントの唐十郎ら個性の強い人たちが集まっていた。時々、東京に出向いていたこの頃、彼らの迫力に圧倒されながら、なぜかそんな場に居合わせた。当時の彼らとの人間関係は時を経て共に仕事をすることへと繋がった。

この時のメンバーに、後にセゾングループを設立する堤清二氏を加え、新宿花園神社境内に建てられた紅テントをのぞいたりした。すぐ近くでは、寺山修司の天井桟敷も公演していた。アングラ演劇が台頭し、活気にあふれた時代。唐十郎がわけの分からない言葉を発しながら走り回る。観客も熱狂した。紅テントの興行「腰巻お仙」の斬新なポスターは横尾忠則の代表作となった。

堤氏がIEプロジェクトと名付け、私を含む若いデザイナーに自由な仕事の発表の場を提供したのは69年のことだった。「次の時代は文化が中心になる」と話していた。渋谷の西武百貨店のコーナーに集められたのは、倉俣をはじめ、伊藤隆道など、私以外は当然のように東京で活躍しはじめた若いデザイナーたちだった。目の前に、常に明るい未来が開けていると皆が信じて疑わなかった。

70年、狂乱に沸き立ったまま迎えた大阪万博は、六千四百万人もの入場者数を記録した。後に仕事をともにすることになる堺屋太一氏が、通産省出身の30代の若いプロデューサーとして奮闘していた。岡本太郎の太陽の塔が、丹下健三の設計したお祭り広場の大屋根を突き破ってそびえ立つさまは、まさに時代のエネルギーを象徴していた。

ソ連館やアメリカ館には長蛇の列ができた。日本中を飲み込む熱狂。が、そこには大きな落とし穴があった。わが国は経済発展の赴くまま、ただ物質的な豊かさを享受する社会へと突き進んでいた。そんな社会や大衆に異議を申し立て、抵抗するために唐や寺山は足を踏ん張っていたのではないか。が、今にして思えば、彼らですら時代に飲み込まれていた。

田中一光や倉俣史朗の感性からは、多くのことを教わった。奈良に生まれ、京都で育った田中一光は、その作品を通して、常に日本人の精神的な伝統とは何かを問いかけながら、新しい文化とこれからのデザインのあり方を模索していた。

田中一光からは、後に山中湖の別荘の設計を依頼された。伝統的な茶室にあらたな解釈を加えたものをつくらせていただいた。いつも近寄りがたいくらいの雰囲気をお持ちで、創作に臨まれる時のその集中力には圧倒されるものがあった。おそらく、日本の他の伝統文化を引き継いできた人たちも、同じように周囲を圧する集中力を持って美しい文化を後世に残してきたのだと思う。

倉俣史朗には私が設計した住宅や店舗に家具をつくってもらうなかで人間としての誠実さ、一途さを学ばせてもらった。

バブル経済真っ盛りの86年、唐から仮設の芝居小屋をつくりたいと依頼された。計画はしかし、土地や予算の問題で行き詰まる。助け舟を出したのはセゾンの堤氏だった。まず、東北博にセゾングループの「下町唐座セゾン海像儀館」というパビリオンとしてつくられ、後に浅草に移設して仮設劇場として実現した。二億五千万円という建設費を、事実上セゾンが担った。

主要構造は工事用足場の単管パイプを利用した。この材・工法の採用によって工期が大幅に短縮された。またどこでも現地調達できるため、特殊な部材を除いては運搬の必要すらなくなった。

巨大な太鼓橋は現実から彼岸への架け橋を象徴する。橋を渡り切ったとき、もうひとつの世界が広がる。シルエットは真っ赤なテントによく映えた。唐が率いる役者たちは、寒中に水に飛び込み、裸の身体から湯気を立てながら走り回っていた。好奇心が人を巡り合わせ、夢が人を繋いでいく。

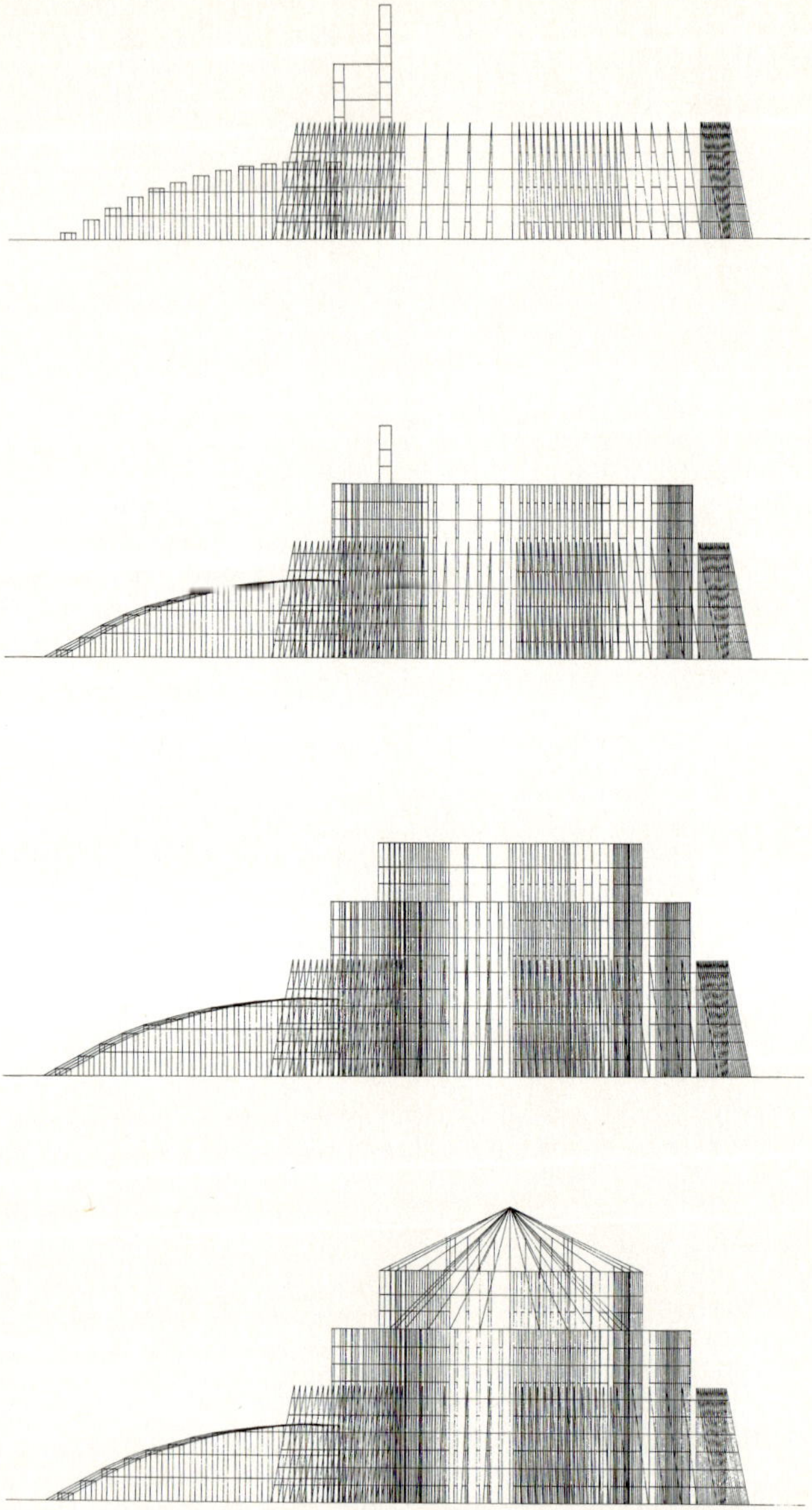

下町唐座の建設プロセス図 工事用足場のパイプを利用し工期を短縮

下町唐座　東京・浅草 1988

事務所のルール

仕事道具は自分持ち

生身の対話を何より大切に

現在、私の事務所は二十五人。国内の仕事に加え欧米やアジア諸国のほかに、メキシコ、アブダビ、バーレーンと世界各地で仕事をしている。本当に、こんな人数で大丈夫かとよく聞かれる。

事務所を開いた1969年、所員は私と妻、スタッフひとりの計三人だった。梅田駅に近い茶屋町に十坪（約三十三平方メートル）の部屋を借りて細々とスタートを切った。仕事があったわけではない。ゼロからのスタート。当時の日本は元気だったから、楽観的な思いもあったが、当然、仕事はなく、冷房も暖房もない部屋で毎日、天井を見つめながら本を読んだり、「こんなものをつくりたい」と夢想する毎日だった。

チャレンジした奈良の近鉄学園前のコンペに入賞すると、勢いに任せ、無謀にも浪人を集めて、大規模なモロッコのタンジール国際コンペに応募もした。

そんななかでも、空き地を見つけると、勝手に空想の建築をデザインした。所有者が分かればこういうものを建てないかと提案に行った。むろん「頼みもしないことを」と追い返される。

私は、当時から仕事は自分でつくらなければならないと考えていた。事務所に座っていても、仕事が向こうからやってくるわけはない。実績のない私に、依頼者など来るはずもないのだ。学歴も、社会的基盤もないとは、こういうことかと痛感させられた。

事務所には当時から今も変わらないルールがある。それは製図道具や筆記具などはすべてスタッフ持ちとすること。大工がかんなやのこぎりなどの道具をすべて自前で用意することに由来する。当時は製図板の上にT定規を置いて鉛筆で製図した。今は一人ひとりが使うパソコンもスタッフの自分持ちだ。そうすることで、ものを大事にしてほしいと考えている。

梅田近くにあるアトリエ

どんなプロジェクトも、私とスタッフの一対一で進める。入所間もないスタッフにも住宅をひとつ担当させる。住宅には建築に関するすべての要素が含まれている。リビングなどのパブリックスペース、寝室などのプライベート、台所やトイレなどの水回りと生活に掛かるすべての要素がある。仕事を進めていく過程で、スケジュール、コスト、品質管理、法規への対応、現場への指示などあらゆることをこなさねばならない。ひとつの住宅を最初から最後まで経験すれば、様々なことが学べる。

事務所を開いて40年が過ぎ、随分変わったこともある。

コンピューターの導入は、設計の作業風景を大きく変えた。作業効率や情報伝達の向上というメリットもあるが半面、デメリットも大きい。手作業のころは、机を見ればスタッフがどんな作業をしているか一目瞭然だった。今では、画面をのぞき込んでも何をしているのか分からない。そのうえ、実体験の少ない若者がパソコンのうえで画像として建築を考えがちとなると、当然とんでもないミスがあらわれる。そのミスを早い段階でどうしてみつけだすか？　それも親分である私の責任であるから、自分なりの判断の基準をいつも研ぎ澄ましておかねばならない。さいわいわたしの事務所には経験を積んだスタッフが数名いる。私の考えを伝えると理解してくれる人を育てておくことがいかに大切か。

でなければ、この小さな規模で、世界を相手に仕事はできない。

アトリエ内部
4層吹き抜けの空間でつながっている

技術が進歩しても、仕事は人と人との生身の対話で進められるべきもの。コンピューターの時代になっても事務所の基本理念はローテク主義、生の対話、直接のやりとりを重んじている。

ところが最近のスタッフは、ろくに人とのコミュニケーションがとれない。ひたすらコンピューターと対話し、スタッフ同士の意見交換も少ない。人と対峙することを厭(いと)う人間が、「人々が集まり、対話する場」をつくりだすことなど可能だろうか。

仕事は判断力と実行力が全てだ。しかし今の若者たちは、小さい頃から親に過保護に育てられてきたため、自分一人では何もできない。判断力を養うためには、幼いころから様々な体験をし、教養を身につけておく必要があるが、それは今の子どもたちが強いられている詰め込み型の教育の中では覚えることができない。音楽や絵画、演劇、文学など、様々な芸術分野のことに自分から興味を持ち、積極的に学ぼうとする姿勢が肝心だ。そして、自然の中で精一杯遊ぶ時間の中で得た様々な経験が、決断する力と実行する力を育む。

時代は変わっても自分の仕事に対する哲学は、これからも貫いていきたいと考えているが、若いスタッフからは反発もある。彼らの主張にも一理あるが、私の頭もそれほど柔軟ではない。

アトリエ

買い取られた家を増築

実験的な試み体験する場

1971年、まだ仕事らしい仕事をしていなかったとき、学生時代の友人の弟から、初めて住宅の設計依頼を受けた。四軒長屋の北端の一軒を建て替えてつくる夫婦と子供一人のための家。床面積二十四坪（約七十九平方メートル）予算三百六十万円というぎりぎりの低コストの小さな住まいだ。私は、コストを抑えるため、コンクリート打放しの工法を用いて、間仕切り壁もドアも無い、立体的ワンルーム住宅をつくった。

ところが、物事は計画通りにいかないものだ。依頼主の家で次に生まれたのは、男の子と女の子の双子だった。三人家族のためにつくった極限の住宅だ。五人で住むことは到底できない。冗談だが、依頼主から、「安藤さんが双子だからうちにも双子が生まれた。責任を取って欲しい」とわけの解らないことを言われ、それならばと、その住宅を買い取り、自分のアトリエ（設計事務所）として使っていくことにしたのだ。

旧アトリエの改造プロセスの模型

以来、事務所の規模の変化にしたがって、建物は改造・改修・増築が重ねられた。あげくに隣接した土地を買い、建物は上に横にと生き物のように増殖していった。アトリエに関しては、自分が設計者であると同時に、依頼主でもある。本来、対立してしかるべきその二つの役を同時に自ら引き受けることで、双方の喜びと苦しみを理解することが出来るのではと考えた。その特殊な立場を利用して、多くの建築における可能性を求めて実験的な試みを行い、ありとあらゆる事を体験した。その中で、依頼主や使う側の気持ち、そして人の大きなお金を使って設計することに対する責任の重さを学んだ。

82年、近所に四匹の子犬がうまれ、残った一匹が事務所に舞い込んできた。何かの縁を感じて私が飼

コルビュジエを抱く著者
右｜1982年　左｜1995年

うことにし、いろいろ名前の候補をだした挙句、20世紀を代表する建築家の名前を拝借して、コルビュジエと名付けた。勇気を持ってさまざまなものと闘い続けた建築家ル・コルビュジエ（通称コル）。はるかに及ばないが、そんな建築家に一歩でも近づきたい。そういう思いを込めた。

私は祖母譲りで犬が大好きだ。妻もまた、大の犬好き。まちを二人で歩いているとよく妻の方に犬が寄ってくる。犬は優しい人間が解るのかと感心してしまう。

我が事務所のコルは大変聡明だった。私が所員を叱っているとき、度を過ぎると「もうやめろ」と言わんばかりに吠えて、私の足を前足でたたきに来る。また、あまりそりが合わなさそうなクライアントと話をしていると突然吠えはじめる。私たちはそれを利用して、「犬が吠えるから今回の話は無かったことにしてほしい」と断ったりもした。様々な場面で、幾度となく助けられた。動物は、言葉こそ話せないが、物事の機微を見分ける特殊な感性があるのだと思う。

私達の事務所は梅田にあり、所員の多くも事務所の近くに住んでいる。ほとんどのマンションで動物を飼うことはできない。命あるものと触れ合わないと、人間の感性は次第に鈍っていく。16年にわたり、事務所でモノ言わぬ犬を飼うことによって、所員たちにも他者の思いを察知する訓練ができたのではないかと思う。

二十坪の小さい家からスタートした。美術館やホールなどの建築も手掛けたが、住まいは人間の生活の原点であり、建築の原点ともいえる。これから先は、徐々につくる建築のスケールを下げ、最後はまた小さな住まいを設計して、静かに引退することができればと思っている。

住吉の長屋

外部は窓なし、中庭から光

大先輩たちの目にとまる

私が初めてつくった住宅は、後年、私の事務所として譲り受けることになったが、長屋の端部を切り取って、コンクリートに置き換えたもので、「都市ゲリラ住居」と名付けた。建築雑誌に掲載されたその住宅をみて、電通に勤務していた東佐二郎さんが、住吉大社に近く長屋が立て込んだ地域にある自分の家も、同じようなことができるのではないかと、設計を依頼してこられた。1975年だった。

当時、東さんはのちに芥川賞を受賞する新井満さんと机を並べていた。新井さんは、「住まいは、新しいことに挑戦する人には頼まない方がいい」と忠告したという。

「住吉の長屋」と呼んでいるこの住宅は、三軒長屋の真ん中をカットし、コンクリートの箱を挿入したシンプルな構成だ。間口わずか二間（三・六メートル）、奥行き約八間（十四・四メートル）の小さなものだが、平面を三分割して中央に中庭を設けている。外部は全く窓のないコンクリートの壁で覆い、さわがしい外界とは隔絶させた。光や風など自然の要素すべてをこの中庭を介して取り入れることで、狭い空間のなかに大きな宇宙をつくりだそうとした。

利便性の追求こそが建築においては大前提であり、この生活における動線を分断した「住吉の長屋」は、モダンで快適な空間が主流であった近代住宅の流れに全く反するもので、当時は様々な批判を受けた。が、この中庭こそが、住み手に四季の移ろいを感じさせ、生活に豊かさを与える住まいの心臓となると考えた。狭いからこそ必要だと考えてだしたギリギリの回答であった。

住吉の長屋が吉田五十八賞の最終審査に残ったとき、93歳で亡くなるまで現役で活動を続けた建築界の巨人、村野藤吾が審査員として「住吉の長屋」を見にこられた。建物の内、外をじっくり見た後、「この建築は悪くはない。が、建築家でなく、がんばっている住み手の勇気に賞を与えるべきだろう」と言い残してその場を去った。結果は落選だったが、その言葉は今でも大切に心にしまっている。この一件以来、それまであまり関心を示さなかった建物の依頼者の存在を意識するようになった。

批判も多かったが、2010年に亡くなった建築評論家の伊藤ていじが朝日新聞で、「小さくても強く、勇気ある建築をつくる若者がいる」と紹介してくれた。その記事を見て、建築雑誌「GA」の二川幸夫さんが見にこられた。二川さんは世界中の名だたる建築家たちから尊敬されると同時に、畏れられもし、「この人に写真を撮ってもらえたら一流」といわれる、当代随一の建築写真家。世界に一人しかいないそんな方がこられることにまず驚いた。一通り見終わった後で、「面白い」と言ってくださった。「がんばれ。これからお前がつくる建築は全部写す。そのうち作品集をつくってやる」その一言は、私にとって大きな励みとなった。

約束通り、二川さんは建物ができるたびに何度となく現場に現れた。完成した後だけでない。建設中の現場にも突然、東京から車をとばしてやってくる。私は感激した。以来、お付き合いは35年を超えた。約束どおりつくっていただいた作品集も十冊を超える。

なんとしても二川さんの期待にこたえようと、ひたすら走り続けてきたように思う。二川さんはこうも言った。「建築は独創性と勇気だ。全力でやりきれ」。私が今まで、建築家としてやってこら

1987年、GAより刊行された最初の安藤忠雄作品集

住吉の長屋　コンクリートの壁で外界と隔絶させた

れたのも、二川さんの鋭い目と励ましの言葉があったからだ。

住吉の長屋をつくった30代のころは、とにかく全力疾走だった。その気持ちはいつまでも持ち続けていたい。

住吉の長屋が誕生してから35年。東さん夫妻は中庭からの風を風流だと楽しみながら、現役を終えた後も、この家を改造することもなく、美しく住み続けている。私は絶対に足を向けて寝られない。

ところで、最近の環境指向、省エネルギーブームの中で、自然との共生が一つの時代のテーマになっている。「住吉の長屋」では、限られた予算、スペースの中で、空調設備をあきらめ、「寒かったら一枚

住吉の長屋の中庭

上に着る、暑かったら脱ぐ」という、自然に即した生活を余儀なくされた。人工の空調機を備えていない代わり、風をどう家の中に走らせるかに腐心した。風さえうまく通りぬければ、暑さはしのげるという確信に似たものは、私自身、長屋生活を体験して得たものであった。自然との共生は、人々の生活価値観の問題なのだ。とは言うものの寒い冬の日にこの家を見に行くのはやはり不安一杯で、逃げ腰である。

「住吉の長屋」以来、私は、空調設備はできるだけ少なくし、自然の風を建築にとりこみ、空気を動かすという同じ考え方をより大きなスケールのパブリックな場所で展開できないかと試みてきた。その成果の一つが、2008年に完成した東急東横線渋谷駅の地下駅舎だ。コンコースからホームに至る

中庭を中心として自然と共に生きる住まい（住吉の長屋）

三層吹抜けの空間を設け、ドライエリアを通じて、外部からの空気を流入させ、自然換気が出来るようにした。毎日数十万人の人が往来する場所だからこそ、数多くの空調機を安易に設置する選択ではなく、消費されない強さと、環境の時代に応える確かな視座をもった空間にしたかった。

この思いの原点に、「住吉の長屋」の小さな中庭がある。

予算の壁を絆で超える

一肌脱いだ社長の遺志が結実

先日、「光の教会」の牧師館の完成式典に参加した。ここでは、『光の教会』と名付けられた礼拝堂、子どもたちの『日曜学校』に続いて三つ目の設計となる。礼拝堂完成時はまだ小学生だった男の子が立派な青年になって参加していた。四半世紀にわたって、三回の設計を依頼されたことに、改めて幸せを感じている。

礼拝堂の設計依頼を受けたのは1987年である。最初から苦難続きだった。夢は大きく、予算がない。当初は木造で検討を進めていたが、信者たちからは、堅牢性を求めて、コンクリートでつくることを求める声が多かった。そこで、単純な箱を考え抜いて、プロテスタントの教会らしく質素で禁欲的、シンプルな空間をつくろうと決めた。そして、暗闇を十字の光が照らす〈光の教会〉のアイディアを思いついた。

設計は固まったが、別の問題が浮上した。施工会社が決まらない。時はバブル絶頂期、建設業界が巨額のビッグプロジェクトで色めく中、小規模でコストも厳しい仕事を引き受けてくれるところなど、見つかるはずはなかった。困り切っていたところで、かつて小さな仕事を一緒にした、竜巳建設と言う工務店が手を挙げてくれた。社長の一柳幸男さんは「たとえ条件が厳しくとも、新しいことに挑戦するのであれば、是非やりたい」と言ってくれた。

1988年、建設現場にて
写真中央が一柳さん

しかし工事費を見積もると、やはり予算をオーバー。このままでは、壁はたっても屋根まではつくれない。私は、屋根なしの〈青空礼拝堂〉があってもいいのではないかと考えたが、当然、クライアントである信者は猛反対した。ならばどうするかと再び挫折しかけたが、ビジネス以上にモノづくりの誇りを大切にする、一柳社長が、信者の想いに応えようと一肌脱いでくれたおかげで、屋根を実現することが出来た。

正面に穿(うが)たれた十字架の開口部についても私は信者たちとぶつかった。ガラスを入れない方が、風も光も入り、祈りを捧げる人々の心を一つにできるのではないかと提案したが、また猛反対を受けたのだ。ガラスがなければ寒いし、雨も入る。結局、ガラスは入れられた。しかしいつの日か、このガラスをはずしてやろうとねらっている。

家具や床の仕上げには、建築の現場で使われる安価な杉の足場板を使うことにした。粗っぽい材料で、年に一回は、オイルステインを塗り直さないといけないが、人々の〈心〉がつくった建物には、そんな手間がかかる方がむしろ相応しいだろう――そして89年7月、光の教会は完成した。

しかし3カ月後、この建築に最も心血を注いだ一柳さんは、52歳という若さでこの世を去った。工事の後半から、体調は芳しくなかったが、最後まであきらめることなく仕事を全うした。彼の魂がつくった建築だった。

礼拝堂の完成から10年後、『日曜学校』をつくることになり、まず、一柳さんの遺志を継いで、

完成した光の教会

残された社員が始めた会社に声をかけた。そのときは、諸事情で引き受けられなかったが、そのまた10年後、今度の牧師館では、竜巳建設で礼拝堂建設の時に現場監督をしていた人とようやく仕事を一緒に出来た。一柳さんと同じく、真摯な姿勢で精一杯の建築をつくってくれた。

牧師館完成の集いで、牧師は20年以上に及ぶ、教会の建築の歴史を「人と人のつながりが大きな力を生みだす。その証明がこの教会にある」と語った。ケータイとインターネットで世界がつながっているという現代だからこそ、私達は人間同士の結びつき、心のつながりを大切に考えるべきだろう。

２００６年冬、ロックグループU２のボノが「光の教会」を見たいと知人と共にアイルランドからやってきた。私はその時、正直ボノという名前は聞いたことがあったくらいで、彼のことをよく知らなかった。

光の教会に足を踏み入れ、しずかに腰掛けたボノは「祈ってもいいか？」そして「歌ってもいいか？」とつつましく尋ねた。祈り終えると説教台のほうに歩み、アメージング・グレイスを歌いだした。光の教会の空間はボノの歌声につつみこまれた。居合わせた人たちの目に涙が浮かんだ。私も感動した。

「すごい歌手なんだ」私はあらためて世界中にファンをもつボノの存在の大きさに気付いた。まさに魂に届けられた歌であった。この歌をこの場で聴いた人たちは、生涯忘れないだろう。

ボノは遠い国にいても、私の建築を通して私を知っていた。私も彼の歌を身近に聴いて、彼の存在のすごさを瞬時に認識した。それ以降も彼との交流は続いている。お互い、相手の職業を認め合った上での信用は人間同士の強い絆となっていく。

十字の光が照らす礼拝堂の内部にて
ミュージシャンのボノと

開発を見直す機運育む

街並み生かす設計一つ一つ

神戸市北野

1970年代、高度経済成長を背景にして各地で建設ラッシュが起きた。商業ビルやマンションが至るところで建設される。古い街並みが変わり始めた。街が培ってきた歴史や文化は、顧みられることなく、土地の個性と脈絡なく大規模開発が進められる。文化や歴史を分断して新しい街をつくったとしても、それは地球上のどこにでも存在しえるし、その土地に深く根を張ることのない街ができるだけである。

そんな考えが自分のなかで固まってきた折、神戸市の中心部の山手、北野町の仕事の依頼を受けた。双子の弟、北山孝雄もプロデュースにかかわった「ローズガーデン」の設計である。施主は神戸に長く暮らす華僑の娘さんとその若い日本人のご主人であった。

神戸は開港とともに、外国から来日した実業家たちには住みやすい町として愛された。当然彼らが自国の伝統や生活習慣を取り入れた住宅が山手には建てられ、北野町は異人館の立ち並ぶ美しい住宅街となった。

しかしそのころは、北野町には安価なホテルなどが次々建設され、異人館のある独特の雰囲気の住宅街は今からは想像もつかないほどの荒れようだった。

建築界では、西洋の建築が導入されて以来、美術館や市庁舎などの公共建築が王道で、商業施設は軽視される傾向にあった。しかし私は、生活に身近な商業施設にこそ、新たな都市建築の可能性があると考えていた。ローズガーデンの設計では、街並み保存をテーマに、控えめなたたずまいでレンガの壁、切り妻屋根のデザインなど古い街並みのイメージを部分部分で表現する建築を提案した。

ローズガーデンは77年春に完成したが、くしくも同年にＮＨＫの連続テレビ小説「風見鶏」がスタート、北野町は一気に全国の人々の注目を集めた。これをきっかけに北野町で約10年間にわたり住宅やショップの複合施設八軒を設計したが、一貫して街並みとの調和というコンセプトにこだわった。小さな点を一つひとつ結んでいくようなまちづくりが始まり、北野町は古い西洋風の建物と現代の感性が同居する新しい観光地として生まれ変わった。

北野町で仕事を続けるうち、日本の中食(なかしょく)文化の草分けであり、日本人の心身の健康を取り戻すべく「食育」に取り組むロック・フィールド（神戸コロッケ）の岩田弘三さんと出会った。当時、

北野町につくったローズガーデン

珍しかった西洋惣菜、デリカテッセンの店をローズガーデンに開いた岩田さんは、看板、ショーウインドーのデザインなどで細部に及ぶ難しい注文をする。このため、建物の総合的なバランスを重視する私とはもめることも多かった。が、互いに譲らずぶつかり合ううちに友人になった。

いつ会っても、心に青春を持ち続け、常に新しいことを考えている。そんな人である。10年後に再び仕事を依頼された時は、既に高級総菜の製造・販売を全国規模で展開する企業の社長になっていた。設計したのは静岡の工場施設。何より働く人が心地よく過ごせる建物にしてほしいと言われ、従業員の子供用の託児所を併設。しかも自然の光が入る一番良い場所に社員食堂をつくった。

完成したとき、岩田さんは「会社も人間も、育てていくことが大事。工業団地のなかに心の森をつくりたい」と、三百人余の従業員の人数分のカキの木を敷地内に植えた。肥料は野菜くず。毎年秋の終わりに岩田さんから箱いっぱいのカキが届く。年を重ねるうちにおいしくなり、今では所員たちの楽しみの一つになっている。

小さな点からでも、情熱をもって辛抱強く続けていれば必ず実はなる。大切なのは、こころをつないでいくこと。人間も建築もまちづくりも一緒である。

日本の社会では、まだまだ学歴偏重の風潮が根強いが、岩田さんは、料理人からスタートして、食品会社を興し、日本を代表する企業へと成長させた。

岩田さんは、いつも考えている。人々が好むこれからの食品について。食育のあり方について。

農業のあり方について。そして、この国の将来について。チャンスはどんな人にも均等に訪れる。ただ、それを活かせるのは、岩田さんの様に、常に問題意識を持って、考え続けることのできる人間なのだと思う。

１９５０年代、60年代、日本の経済界にはそういったエネルギッシュな人材が溢れていた。日本の国を成長させてきたのは彼らの力に他ならない。今再び、この国が元気を取り戻すためには、岩田さんの様に知的好奇心旺盛な若者達が社会に出てこなければならない。

毎年、送られてくるカキ

芸術家の同志

美を死の直前まで追求

熱い心意気、すべてが刺激的

究極の美を求める緊張感と仕事への強い思い。振り返ってみれば、20代のころに出会った人たちは、そうした心意気に燃え、決して妥協しない精神を持っていた。彼らの生きざま、思考から実に多くを学ばせてもらった。イサム・ノグチ、倉俣史朗、田中一光、三宅一生たちである。

日本人を父に、アメリカ人を母に生まれたイサム・ノグチには、「自分はなに者か」という問いが常にあった。自己のアイデンティティーが二つに引き裂かれる。その矛盾に挑み続けるなかで芸術を生み出した。また、常に新しい感性で時代を切り開いた倉俣の透明感、日本の伝統を深く理解し、絶妙のバランスを追求した田中一光の美意識。すべてが刺激に満ちており、この人たちと同時代を生きたことは誇りである。

三宅一生さんとは出会いから40年たつ。一生さんはデザインを学ぶ学生だった1960年、東京で開かれた世界デザイン会議に衣服デザインの分野が入っていないのはおかしいと疑問を投げかけて注目された。70年代以降の仕事は、まさにそこを基盤として様々な成果をあげ、世界のデザイナーたちが成し得なかった、モードファッションを芸術へと昇華させた。後に、衣服は、「一枚の布」であるとする概念を構築し、衣服革命を起こしたが、それを支えるのは漁網をはじめとする日本の伝統産業の技術と優れたテクノロジーである。

伝統的技術をバックボーンとして、日本のデザインを世界に発信したい。意気投合して取り組んだのがデザイン施設、「21_21 DESIGN SIGHT」（東京・六本木）だ。

一生さんはイサム・ノグチを父のように敬愛していた。その関係で私も、十数年と短かったが、親しくさせていただいた。広島出身の一生さんがデザインの道を志したのは、イサム・ノグチがデザインした平和記念公園にかかる二つの橋に衝撃を受けたからにほかならない。

イサム・ノグチとは、亡くなる10日前にもお会いした。大阪のＯＢＰビルで展覧会を開く予定だったが、たまたま立ち寄った、私が設計した心斎橋にある商業ビルが気に入り、「ここで個展をしたい」といきなり言い始めた。パンフレットまで出来上がっていたのに、会場を急きょ変更することになった。どんな場面でも、芸術家としての自らの意志を優先し、最後の最後まで絶対に妥協しない。イサム・ノグチはその時、既に84歳。意欲に満ちあふれた芸術家としての姿勢に、私はただ驚くばかりだった。が、89年2月に開催されたその展覧会は、思いもよらず回顧展になってしまった。

イサム・ノグチが亡くなったのは88年12月30日。倉俣史朗は91年2月1日、そして田中一光は2002年の1月10日に亡くなった。みな、死の直前までそれぞれが信じる「美」を深く追求しつづけた。芸術とは何か、そして芸術の持つ力。多くを教えられた。

2007年3月、「21_21 DESIGN SIGHT」はオープンした。三井不動産の岩沙弘道社長の「まちづくりの中心は文化だ」という強い思いが関係者を動かし、実現にまでこぎつけることができた。ここから、新しいデザインが、世界へと発信されていくと信じている。

ニューヨークのペースギャラリーにて
（右から）三宅一生、イサム・ノグチ、著者

海外での個展

展覧会MoMA／ポンピドー

大阪から世界へ

1982年、突然フランスの建築家協会I. F. A.から、個展の招待を受けた。その頃は海外で未だ一つのプロジェクトも経験したことはなく、国内で個人住宅と規模の小さなファッション会社のビルやショップの設計をしていた。

フランスで社会派とみなされ、公共集合住宅に目覚しい仕事をしていた建築家、アンリ・シリアニの強い推薦によるものだった。初めての経験に、戸惑いながらも、展示する模型や写真パネルの製作に時間をかけた。フランスに暮らす友人で元具体美術協会の画家、松谷武判のアトリエで三人の事務所スタッフがパネル貼りなど最後の準備をしたのも懐かしい。仲介するエージェントなど一切つかわず、全て手仕事で、展示品をつくり、フランス人の協会スタッフと共に展覧会をつくりあげていく。そんな過程から若いスタッフは国内での仕事では体験しえない出来事に出会い、問題にぶつかりつつも何とか乗り越え展覧会当日を迎える。

シリアニを筆頭に、ポール・シュメトフ、ジャン・ヌーベル、ポール・アンドリューら世界の建築雑誌に登場している著名な建築家たちとの交流が生まれ、フランスという国が一気に身近な存在となった。常に新しいことに挑戦している人たちの話を聞き、仕事を見ることで、大きな刺激を受けた。

展覧会では、無名に近い日本の建築家に、ヨーロッパの著名な評論家やマスコミが総動員で取材しにくる。招待されたプレス関係者たちが集まり、大きなテーブルで昼食をとりながら、次々と鋭く厳しい質問をしてくる。「何故コンクリートなのか？」「何故装飾はないのか？」「何故？……何故？」と聞いてくる。ただただ対応するのに手一杯だったのを昨日のことのように思い出す。

その後、１９９１年にニューヨークのＭｏＭＡで、そして93年にパリのポンピドーセンターで、日本人として初めての個展を開いた。現代美術の世界的殿堂である両施設で生存している人間の個展というものが、そもそもなかったらしい。ＭｏＭＡとポンピドーセンターの建築専門の学芸主任が事務所へ来て実際の建物を見るとともに、展示に堪える美術性を模型や図面といった展示物に要求する。何度となく私たちもニューヨークやパリを訪れ、ミーティングを重ねた。とくにポンピドーセンターはフランスの過去の大統領の名をかぶせた国家施設である。厳密なコンセンサスをとってからでないとモノゴトがすすまない。ある日ポンピドーの事務所スペースでの会議があって、驚いた。広いスペースにぎっしりと机が並べられている。そこに座り仕事している人たちの大半が中年を過ぎた女性であったのだ。フランスの美術界を支える裏舞台にはこんな女性の社会進出があるのを初めて知った。

それぞれの展覧会は、私にとって全てが初の試みであったにもかかわらず、つねに新しいことに挑戦すること、冒険することは子どものころから得意としていた私には苦しいことなど何一つなく、逆に私にとってかけがえのない貴重な経験となった。現実の仕事においても、新しいことに挑戦する際には大きな不安を伴う。しかしそれを乗り越えて初めて得られるものもある。挑戦はまた、多くの敵をつくる。展覧会は自分の建築への思いや考えを発信する場だが、好評で迎えられることはほとんどなく、多くの場合、批判の目にさらされる。しかし、批評の場にみずからを置くことで、自分を見直すことができる。その経験は、後々までの大きな力となる。

国内でもほとんど住宅や小さな商業施設しか仕事のなかった私が、MoMAやポンピドーセンターで展覧会を行うのは、自分でも不思議な感覚だった。MoMA展のオープニングには、建築界のドン、フィリップ・ジョンソンをはじめ、リチャード・マイヤーやI・M・ペイ、フランク・ゲイリー、ピーター・アイゼンマンやマイケル・グレーブスなど、世界を代表する建築家が続々と訪ねて来て、驚くばかりだった。

イエール大学やハーバード大学など、かつて客員教授として教壇に立ったことのある大学からも、

1982年　フランス建築家協会での個展に際しての記者会見の様子

多くの人々が来てくれた。コンピューターを介さない、直接の人間関係が、大きな力となった。全ては、勇気を持って一歩踏み出したことで得られたものである。

その後も世界各地で展覧会を行う機会に恵まれた。どこの国でする時も、間にエージェントを入れることは無い。展示計画からパネルや模型の製作、梱包、輸送に至るまで、全て私と、事務所のスタッフで行う。仕事はいつもこのチームでできる範囲のことしかしないと決めている。

近頃の若者たちは、日本からなかなか海外に出たがらないと聞く。確かに、文化や社会常識の異なる外国に出ることで様々な問題が生じる。しかし、それを乗り越えていく勇気を忘れてはならない。一歩踏み出すことこそが、世界を拓いていくのだ。

世界は広く、知らないことが多い。いくつであってもあたらしいことへの挑戦が、また新たな可能性をうみだす。

P116―1991年 ニューヨーク、MoMAでの個展会場にて フィリップ・ジョンソンと
P117上―1991年 ニューヨーク、MoMAでの個展会場にて フィリップ・ジョンソン、ピーター・アイゼンマン、リチャード・マイヤー、スタンリー・タイガーマンと
中―1991年 ニューヨーク、MoMAでの個展会場にて イオ・ミン・ペイと
下―1993年 パリ、ポンピドーセンターでの個展会場にて エットレ・ソットサスと

自由で豪胆な経営者

佐治敬三さん

「失敗してもええ」と美術館依頼

かつて関西に大勢おられた自由で豪胆な経営者たちとの出会いが私に与えた影響は計り知れない。なかでも、サントリーの佐治敬三さんとの楽しい思い出は語り尽くせない。出会ったのは1972年。それ以降、年に一、二度だが、北新地でお目にかかるたびに、「ついてこい」と声をかけてくださった。「人間、前を向いて生きていることが一番大切」「ぶつかってもいいからとにかく自由にやれ」。教わったことは数えきれない。

佐治さんは、私のことは何も聞かず、ただ「人間として面白そうだから」という理由であちこち連れて行ってくださった。お会いしてから十数年たったころ、「お前、建築家らしいな」という。「知らなかったのですか」と問い返すと、「いちいち学歴や職業など聞いておれん。一生懸命生きとるかどうか、それだけや」と言われた。一度だけ、佐治さんと開高健さんがご一緒されているときにお会いしたことがある。開高さんの「若者は全力で走れ」という一言は、今も深く心に残っている。

その後、佐治さんから七千坪の美術館の設計を頼みたいというお話があった。当時の私は、最大でも三百坪程度の建物しかつくったことがなかった。依頼に来られる前に、「お前のつくったものを一つ見せろ」と言われるので住吉の長屋にご案内したら、「狭いな、寒いな、不便やな」とだけ言ってさっさとお帰りになった。

これでこの話は終わったのかと思っていたら、翌日、連絡があり、私の事務所に行きたいとおっしゃる。そして、「やはり、お前に頼む」と、正式に依頼された。散々文句を言っていたのにといぶかしんだが、「あの住宅には勇気がある。全力でつくっているのがいい」とのことだった。

佐治さんもそうだが、京セラの稲盛和夫さん、アサヒビールの樋口廣太郎さんなど関西の経営者は皆、私に仕事を依頼される前に必ずご自身で事務所を訪ねて来られた。わざわざ足を運んでもらうことに恐縮したが、何もねぎらいに来られるわけではない。

建築は規模が大きくなると、設計から完成まで5年以上の歳月を要する。仕事をともにしようとする相手が、この先5年間もつかどうかを、自分の目で確かめに来ているのだ。物事の決定は他人に委ねない。必ず自分で判断する。私が出会った優れた経営者たちに共通した特徴だった。

依頼されたのは、サントリーミュージアム［天保山］。経験のない規模に不安を感じた私を、佐治さんは「失敗してもええから、全力でやれ」と激励した。

敷地は大阪湾に面している。建築を建てる敷地としてはかなり特異なので、視覚的のみならず、海をいかに有効に建築に取り込むかを考えた。美術館と海との間に、親水公園を設けて建築と海岸を物理的につなげたい。運輸省管轄の海、建設省管轄の護岸、大阪市管轄の敷地、これらすべてを民間のミュージアムに取り込んだ計画だ。むつかしいのは承知でそれぞれと調整を進めるうちに気づいた。

日本独特のあしき縦割り行政のゆえに横の連携がない。異なった省庁が、互いの存在に関係なく回答を出してくれたおかげで思ったよりスムーズに許可が下りた。この仕事を通じて、既成の枠組みにとらわれず、境界を越えてあきらめずに対話をすることの重要性を改めて知った。

今でも目をつぶると、両手にもったスリッパをたたき、「ローハイド」を歌う佐治さんの姿が思い浮かぶ。

佐治さんといえば、長年の佐治さんの親友、ダイキンの山田稔さんのやさしい笑顔が思い出される。1980年代は関西の経済も順調で、活発な経済人同士の交流があった。当時はよく、誰が声をかけるのでもなく、関西の経済界・産業界の人たちが夜な夜な北新地に集合した。そんななかでも異色なのは関西経済連合会（関経連）の会長を務めた東洋紡の宇野収さん。私は宇野さんには随分かわいがっていただいた。東京帝国大学法学部から海軍にいかれた宇野さんはいつも背筋がピーンとして長身に穏やかな笑顔で、その存在自体から多くのことを学んだ。関経連会長という重責のポストには、ながく、関西電力や大阪ガスといったエネルギー業界からでるのが、常識であったが、宇野さんはその人望と高い知性を買われ、珍しく繊維業界から、関経連という大組織の会長になられた。

私が今も講演会などで、よく引用するアメリカの詩人、サムエル・ウルマンの「青春」という名の詩をご自身で訳されたが、その中で、〝青春とは人生のある期間をいうのではなく、心の持ち方を言う。……人は年齢を重ねただけで老いるのではない。理想を失ったときに初めて老いる。……情熱を失うときに精神はしぼむ〟という一節があるが、まさしく当時の関西の経済界の猛者たちには希望と活力があふれていた。

そんななかで、今も94歳でご健康で会社にも週に三日は出社し、若い社員たちを鍛えているのが、きんでんの若山繁さんである。若山さんは関西電力の工事部門を請け負うきんでんの社長、会長を長く務められた、名物経営者である。2011年12月19日にも〝一緒に飯を食おう〟と共に昼食をしたが、頭は冴え、戦後、丹下先生のヒロシマの平和記念資料館の工事をした思い出などを語られ楽しく過ごした。もうほとんど同年代の経済人が他界されているのを本当に淋しがっておられた。

関西の経済界にあって、特殊な事業を営み、新しいことに挑戦する経営者の代表格が太陽工業の能村龍太郎さん。能村さんとは不思議なご縁で、私がまだ建築家として走り始めたころ、太陽テントの第一号の工場を堺で設計した。後年、そのことを能村さんは嬉しそうに皆さんに語ってくださっていた。1970年の大阪万博の時に、アメリカ館に使われた巨大な膜構造の構築物を覚えてお

右―生前の佐治敬三氏（左）と（大阪・天保山のサントリーミュージアム）
下―手前左がきんでん社長、会長を長く務め、今も週3日は出社するという若山繁氏。その右隣りが当時大阪商工会議所会頭だった大阪ガス会長の大西正文氏（右端が著者）

新しいことにチャレンジして、発明をしておられた。後に、博覧会会場では当然のように主流になったテントを恒久的な建築物に利用するのをいち早く考え、実用化された。今や、東京ドームや埼玉スタジアムのスタンド屋根など、大規模膜面構造物で一般的に使われている。

ある時、ダイキンの山田さんが、私が当時良く着ていた立ち襟のシャツを見て、「おまえのシャツは面白いな。ネクタイをしなくて良いので合理的だ」と珍しそうに興味を示されたので、安価なものだが、新しいものをお贈りしたことがあった。次の会には早速着てこられて、どや、と一言。

関西経済を支える重鎮でありながら、全員気さくで、ユーモアに溢れていた。この人たちのエネルギーと骨太の精神、おおらかな明るさが、当時の日本の社会を支えていたといっても過言ではない。

これら、個性的でおもしろい経営者たちの少々〝怖い〟マドンナが、夜の商工会議所の会頭と呼ばれていた「クラブ太田」の太田恵子である。太田さんは頭の回転がすこぶる速く、男性顔負けの太っ腹な女性で、多くの経営者たちに頼りにされていた。

こんな名物と呼ばれる人たちが北新地に集っては歓談していたのだから大阪は元気であった。考えてみると、佐治さんをはじめ、多くの魅力的な大阪の先輩たちとの出会いに恵まれ、共に過ごした80年代は、私にとって本当に楽しい時代だった。

先日、現サントリー会長で社長の佐治信忠さんとお会いした。年に一度か二度はかならずご一緒するが、お会いするたび、敬三さんに段々と似てこられるのに驚く。父親譲りで豪放磊落。「やってみなはれ」と言い続けてきたお父さんの遺志を継ぎ、「日本の文化は自分たちで守り、育てていかなければならない」と語りながら、文化振興に取り組まれている。

2011年10月、中国人ピアニストで、今や人気実力とも国際的に高いラン・ランのチャリティーコンサートが、東日本大震災の被災地で開催された。ラン・ランのための音楽ホールを大連などで設計している縁があり、直接話を伺ったが、かつて仙台で行われた若い音楽家のためのチャイコフスキー国際コンクールで最優秀賞をとり、世界へデビューするきっかけとなったラン・ランにとって、今回の大震災はひとごとには思えないようだった。

サントリーがそのスポンサーを行った。文化に対する使命感が、敬三さんから信忠さんへしっかりと引き継がれていることに、感動すら覚える。

感性を磨く芸術の島に

福武さんの情熱に感銘

2010年に行われた瀬戸内国際芸術祭に、多くの人が集まったのには驚いた。開催される前はうまくいくのか疑問だった。島から島への移動手段は船に限られるし、点在する島々が一体となって芸術祭を行う姿が想像できなかった。そんな私の懸念を覆して成功を収めた芸術祭の中核を担ったのが直島だ。

ベネッセコーポレーションの福武總一郎さんとは1988年に出会った。そのとき、福武さんから直島を芸術の島にしたいという構想を初めて聞いた。当時は、工場から排出される亜硫酸ガスの影響で緑が失われ、無残なはげ山と化していた。そのような荒廃した島を前に福武さんは「美しい海と環境を取り戻し、世界の一流芸術家たちの表現の場とすることで、訪れる人々の価値観を変え、感性を磨くための島にしたい」と言う。私は理解に苦しんだ。

福武さんには強い信念があった。「経済は文化のしもべである」という言葉は、その信条を的確

空からみた直島　手前が地中美術館、
奥の岬に建つのがベネッセハウス・ミュージアム

に表している。人間が生きるために本当に必要な力を生み出すのは経済ではなく、芸術・文化なのだ。芸術こそが人生の道標となり、人々の心を豊かにする。

バブル絶頂期の当時、時代の流れとあまりにもかけ離れた考え方であった。しかし私は福武さんの気迫と精神力に賭けてみたいと思うに至った。荒廃した島を豊かにし、現代美術の場にするという勇気が人々を惹きつける原動力になると確信した。

福武さんはウォルター・デ・マリア、リチャード・ロング、草間彌生といった最先端の現代美術家たちに協力を呼びかけた。彼らも福武さんの情熱に押されて、参加してくれた。一方で私たちははげ山に苗木を植える活動を地道に進めながら、美術館やホテルの建築設計に携わってきた。

計画が発表された当初は、反対の声が上がった。だが島に人が訪れるようになるにつれて島民は自発的に民宿や喫茶店、レストランを営むようになり、次第に自分の島に誇りを持つようになった。

建設会社の努力も忘れてはならない。22年ものあいだ直島での工事を担当した鹿島建設の現場監督が、プライドの高い職人をまとめあげ、緊張感のある建築が生まれた。２０１０年には第二の地中美術館とでも呼ぶべき、李禹煥（リーウーファン）美術館が開館した。直島で私が携わった、七つ目の建築だ。これからもこの島とかかわってゆきたい。

フランス大使を地中美術館にご案内したとき、クロード・モネの『睡蓮（すいれん）』を見て、こんなに大きな『睡蓮』が日本にあるのかと驚いていた。「光の画家」と呼ばれるモネに代表される印象派の芸術家たちは、東洋の文化国家、日本に憧れを抱いていた。日本が、国際社会での存在感を保つためには、かつての文化力を取り戻さなければならない――『睡蓮』を見ていると、福武さんは以前からそのことに気づいていたように思えた。

福武さんは自由人だ。島ではいつも長靴で歩き回り、大企業のトップには見えない。自由な思考で、次から次へとアイデアを生み出す「身勝手の王様」だ。しかし、その判断力や自由さ、そして執念深さが強いリーダーシップの源となっている。瀬戸内国際芸術祭は3カ月余りでのべ九十万人以上が訪れたという。人の思いは、文字通り岩を穿ち、山をも動かす――福武さんと共に仕事をする中で、教えられたことだ。

地中美術館　モネの『睡蓮』の展示室　撮影：松岡満男

代表作品

住吉の長屋　大阪府大阪市 1975-76

小篠邸　兵庫県芦屋市 1979-81／83-84　写真(左)：新建築社

写真：新建築社

六甲の集合住宅　兵庫県神戸市 1978-83（phase I）1985-93（phase II）　写真：松岡満男

六甲の集合住宅　兵庫県神戸市 1992-99（phase Ⅲ）写真：松岡満男

光の教会　大阪府茨木市 1987-89

大阪府近つ飛鳥博物館　大阪府南河内郡 1990-94

上｜ベネッセハウス ミュージアム　香川県香川郡 1988-92
左｜ベネッセハウス オーバル　香川県香川郡 1993-95

地中美術館　香川県香川郡 2000-04　写真（左）：松岡満男

写真:松岡満男

李禹煥美術館　香川県香川郡 2007-10　写真(左):小川重雄

兵庫県立新美術館(芸術の館)+神戸市水際広場

兵庫県神戸市中央区 1997-2001 写真:松岡満男

兵庫県立新美術館（芸術の館） 写真:松岡満男

ピューリッツァ美術館　アメリカ合衆国 セントルイス 1992-2001
写真（上）：Robert Pettus （左）：松岡満男

フォートワース現代美術館　アメリカ合衆国 フォートワース 1997-2002　写真：松岡満男

プンタ・デラ・ドガーナ　イタリア ヴェネチア 2007-09
写真（右）：ORCH orsengio_chemollo
（上）：小川重雄

写真:小川重雄

北京国子監ホテル＋美術館 プロジェクト　中華人民共和国 北京 2009-
北京市中心部、故宮の北東3kmほどの歴史的街区［成賢街］の中に建設中の、
SPAホテルと油絵美術館のコンプレックスの計画。

上海保利大劇場 プロジェクト　中華人民共和国 上海 2008-
急激な都市開発の進む、上海郊外の嘉定区に建設中の
オペラハウスを含む文化コンプレックスの計画。

阪神・淡路大震災

復興へ心をひとつに

街への愛情が国を動かす

東日本を襲った巨大地震と津波は、甚大な被害をもたらした。あまりの厳しい現実に、言葉もない。これまでも我々日本人は団結し、助け合って幾多の困難を乗り越えてきた。今こそ国をあげて被災地の人々を支えるべく心をひとつにしてこの災難に立ち向かわなければならない。

1995年1月17日は忘れられない。阪神・淡路大震災が起きたその日、私は海外にいてCNNのニュースで震災を知り、神戸が壊滅的であることを知った。翌日からの予定をすべてキャンセルし、急きょ大阪に戻った。道路も鉄道も分断されていたため、大阪・天保山から船で神戸港に入り、被災地を見て回った。

壮絶な光景を目の前に「復旧は難しいかもしれない」と絶望にうちひしがれた。震災後の数カ月間は事務所の仕事を中断し、被災状況を目に焼き付けるため、被災地を歩いた。長期にわたる困難な復興を支えるエネルギーになると考えたからだ。

しかし被災地はその後、世界の災害史上例のない速度と質で復興をなし遂げた。貝原俊民兵庫県知事の強力なリーダーシップのもと、神戸市、芦屋市、西宮市など行政の人々が垣根を越えて連携し、民間と手を取り合って復興に取り組んだことが大きい。

貝原さんは3カ月間も県庁に泊まり込み、国への報告、陳情に日々追われながらも強い信念をもって復旧復興の陣頭指揮をとった。時折、県庁で姿を見かけたが、声をかけるのもはばかられた。その復興にかける熱意は、国を動かし、市民を動かした。リーダーは命を張ってこそと、その姿に思った。

絶望的な状況に置かれても決してあきらめず、子どもたちからお年寄りまで、互いに支え合いな

震災復興の象徴として毎春、各地を白い花が彩る。

当初目標の30万本目は、淡路島の「夢舞台」にて、天皇皇后両陛下に植えて頂いた。

がら苦境に立ち向かった神戸の人々の頑張りもすごかった。被災地では略奪も暴力ざたも一切起きなかった。美しい神戸を次の世代に残していきたいという彼らの思いや、街への愛情が復興への大きな力となった。

その思いは全国に伝わり、各地から中高生や大学生のボランティアが集まった。彼らは大阪から三十キロの道のりを歩いて被災地に入り、毎日のように復旧を手伝った。震災の起きた95年は後にボランティア元年と呼ばれるに至った。

3月になり、被災した街のあちこちにコブシやモクレンなどの白い花が咲きだした。その花を眺めて老女が、「春がくるたびに咲くこの花のように、おじいさんも帰ってきたらいいな」と涙ぐみつぶやく姿をみて、亡くなった人の鎮魂と、震災の教訓を忘れないためにも、被災地に白い花の咲く木を植えたいと考えた。

阪神・淡路震災復興支援10年委員会とともに、一本五千円のモクレンやコブシの苗木を、十二万五千戸の復興住宅の二倍、二十五万本植えることを目標に植樹活動「ひょうごグリーンネットワーク」を設立し、達成した。被災地の小中学校や大学にも植樹した。神戸大学や関西学院大学では震災で亡くなった学生や教職員の人数分のモクレンを植えた。

毎年咲く白い花が、人の心をつなぎ、ともに生きていく地域をつくり、被災地を希望の持てる街として復活させるための力になってくれるのではないかと考えた。

2001年4月25日、目標達成を記念し、三十万本目は天皇皇后両陛下に来て頂いて、震源地の淡路島に、泰山木をお二人で植えて頂いた。その翌年明けの歌会始は、

園児らとたいさんぼくを植ゑにけり地震（なゐ）ゆりし島の春ふかみつつ

とお詠みになった。

東日本の被災地でも、再び立ち上がろうとしている人たちがいる。そういった人々の輪を広げていけば、復興に向けての大きな力となる。できる限りの支援をしていきたいと思う。

米大学で教鞭

授業がまさに国際交流

競争社会の緊張感にも驚く

1986年、アメリカのイエール大学から突然、客員教授就任の依頼が舞い込んだ。87年8月から12月末までの間、講義に来てほしいという。最初は強い不安を感じた。イエール大学といえば、アメリカ東海岸、コネティカット州ニューヘブンにある世界有数の名門校だが、私は英語が話せない。さいわいバイリンガルの友人が通訳を引き受け、いつも傍らにいてくれるという。迷いはあったが、教えるのではなく学生たちとともに学べたらいいなと思い、挑戦することにした。かつて多額の寄付金を残したダヴェンポート夫妻の名前を冠した客員教授の席に就いた。

それまで国内の大学で講師をしたこともあった。そのときは膨大な書類と手続きが必要だったためイエール大学も事前に経歴書や資料などが必要かと問い合わせたら、不要と言われた。必要な情報はすべて大学側で調査済みだという。大変合理的な点も、引き受けた理由のひとつだった。日本とは雲泥の差だ。

イエール大学の建築学部は国際的評価も高く、多くの世界的建築家が教鞭をとってきた。提供されたのは教職員用の立派な宿舎だった。ずらりと並んだ本棚には分厚い書物が収まっていた。多くの教授が4カ月、ここに滞在する。彼らは膨大な本を必要とする。対して私の手元には三、四冊の本だけ。改めて独学の私がアメリカで教えることの意味を考えた。

初日から驚かされた。三十人の学生に対して四人の教授が、最初にどんな授業を行うか方針を発表する。どの教授のもとでこの前期の4カ月を学ぶのかは、学生が決める。私の場合、日本から来たという物珍しさもあって多くの希望者が集まったが、あまり集まらなかった教授が「四〜五人分けてくれないか」と言う。学生だけでなく教える方もすさまじい競争社会に身を置かなければならない。その緊張感はただごとではなかった。

客員教授を務めたイエール大学

スタジオとよばれる製図室は昼夜の区別なく学生に開放されている。多くの学生が課題に対して思い思いの案を練っている。授業は夜遅くまで続いた。教授も学生もみな、朝から晩まで建築のことを考えていた。外国からの留学生も多く、国籍の違う若者たちが時にぶつかり合いながら語り合う。まさしく国際交流そのものであり、新鮮な体験だった。それぞれ生き方も建築に対する考え方もまるで違うが、目標がひとつであれば、言葉の壁すらなくなった。

イエールでの講義の後、講義録が出版された。建築家とその学生の作品が一冊の本にまとめられるというのは画期的だと、ニューヨークにある出版元のリッゾリ社は驚いた。続いてコロンビア大学やハーバード大学にも客員教授として招かれた。イエール大学にはいなかった、台湾、中国からの留学生がハーバード大学には大勢来ていて、それぞれの国に帰ったときに役立つ冠(かんむり)、名門中の名門のハーバードという名前と、在籍中に作り上げた人脈が卒業後の人生にどれほど役立つことかを目先の利く若者たちが知っていることをあらためて理解した。

アメリカのアイビーリーグに属する三つの大学で教えたことはいずれも素晴らしい経験になった。最初は不安だったが、わが身をもって経験したアメリカ名門校のあり方は後に東大で教鞭をとったときに生かされた。

日本の一流大学は、学生も教える方もほとんどすべてが日本人だ。外国から教授を招聘したいと思っても宿舎もなく、大学の人事を縛る規制は多く、外国人教授の誕生などほとんど不可能である。人材面でも設備面でも国際化という観点から大きくはずれている。その点、様々な国籍、人種の人々が対話を重ね、学生のうちから国際感覚を養えるアメリカの大学の環境はすぐれている。大学だけの問題ではないかもしれないが、日本は見習ってほしい。

また学生は、いまこそ国際社会のなかで生きていかなければならないという緊張感をもって海を渡り、見知らぬ世界を体験してほしい。好奇心をもって積極的に世界を知ることで自分自身がみえてくる。残念なことに、最近は海外に出たがらない若者が増えているという。不景気ゆえのことなのか、あるいはインターネットのおかげで、海外の情報が簡単に入手できるようになったからか。知ったつもりになるのだろう。いずれにしろ、より一層グローバル化していくであろう今後の世界を考えると、由々しき事態である。語学力、国際感覚といった能力以上に、その消極性が問題だ。

戦後日本の教育は、知識偏重で平均化された人間を大量に生みだすシステムだった。その結果として、ゆがんだ学歴主義が社会に蔓延することとなり、日本の子どもたちから、元気がなくなった。生物として必要な野性が奪われた。大量に良質の商品をつくり、消費するという社会構造には最適な教育システムではあったが、これでは自ら考え、自ら行動する世界に通用する強い人間は生まれてこない。学校が終わると塾に直行して、夜遅くまで塾でまた知識を詰め込むなど、子どもたちにふさわしい教育といえるのであろうか？

スタジオでの記念写真と妻の由美子が描いた学生たちの顔のスケッチ

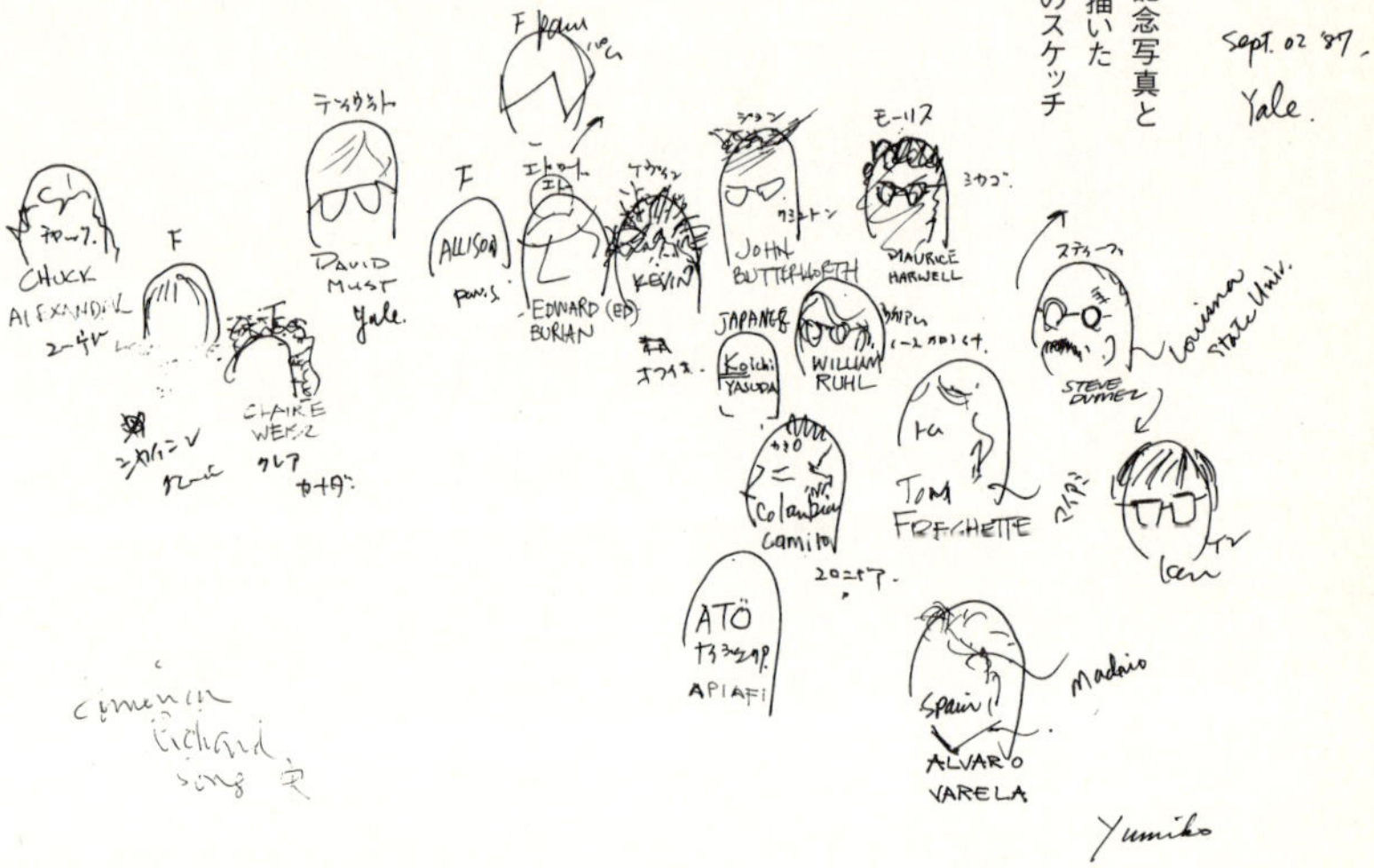

現在のどん底の日本社会再生のカギは、この子どもたちの野性をいかにして取り戻せるかにかかっているだろう。

そのために必要なのは、甘えた「ゆとり」などというものではない。不安と隣合わせの、本当の意味での自由な時間と場所を与えることだ。

私の事務所では入ったばかりの若いスタッフでも、いきなり海外出張に行かせて「一人で全部やってみろ」と突き放す。緊張感に包まれた中での外国での様々な体験が、社会を生きていく上で大きな糧となり、その人間を強くするからだ。

東大教授に就任

頑張り屋の学生ばかり

情熱失う傾向には歯がゆさ

2010年秋、文化勲章授章の席で、物理学者で俳人の有馬朗人さんと一緒になった。あいさつの後、有馬さんは「言い忘れていましたが、東大ではお勤めご苦労さまでした。内容は分かりません。でも、一度の休講もなくよく頑張られましたね」。かつての東大総長からの思いもよらぬねぎらいの言葉が心にしみた。

東大で建築史を教える鈴木博之先生から、教えに来ないかと誘いを受けたのは1996年春だった。大学という未知の世界に興味はあったが、妻も同居していた義母も「あなたには分不相応」と大反対。迷った末に佐治敬三さんに相談すると、「興味があるなら行ったらいい……ただし、大阪から通え」とのご託宣だった。決心がついた。教えに行くのではない。一緒に勉強するための教授就任だ。

話が決まると佐治さんは「東京でいじめられないように」と、心を込めた、東大の先生方を招い

上―教授就任の壮行会（中央が著者）
下―製図室にて、エスキス指導する著者　写真提供：マガジンハウス「カーサ・ブルータス」

ての壮行会を十日戎の日に大阪・ミナミの料亭で開いてくれた。元阪大総長の熊谷信昭先生や三宅一生さん、故田中一光さん、中村鴈治郎さんら友人、知人、さらに縁のある関西経済界の方々がわざわざ集まってくれた。盛り上がったところで佐治さんは一言、「これだけ接待したのだから、安藤をいじめないで下さいよ」。こうして97年から5年余り、大阪と東京を忙しく往復する日がはじまった。

一般に、東大生は悪しき学歴主義の象徴のようにいわれる。私も、同じような印象を持っていたが、実際はほとんどの学生がまじめ、頑張り屋で、大学の名前に振り回されているだけの学生はあまり見受けられなかった。ただ、優秀なだけにすべてを自分の価値観で判断してしまおうとするところがある。それまで、一つの正解を導く訓練ばかりをしてきたから、間違えたり、遠回りするのを極度に恐れる。その分、思い切った決断ができない。

何よりもったいないと思ったのは、物事への執着心が弱いところで、その傾向は三年生から四年生、大学院と学年が上がるほど強まっていく。例えば設計の演習課題の授業だ。東大の専門課程は三年生から始まるので、他の大学に比べて2年遅れのスタート。最初は不安げな顔をした学生も多い。だが、いざ演習が始まると、みな驚くほど密度の高い設計案を持ってくる。

密度とは、図面の巧拙ではない。住まいや美術館といった課題の建築について、いかに深く、突き詰めて考えたか、その真摯な姿勢に驚いたのだ。聞けば、課題の出された日から、連日みんなで製図室に泊まり込み、不慣れな者は友人の手元を必死にのぞきこんで取り組んだという。一丸となって向かってくる、その情熱が頼もしい。

それが四年生になり、さらに大学院に進んでいくと、アイデアは洗練され、表現手法は熟達するが、かわりに熱気が失われてしまう。「建築はもう分かった」と言わんばかりの冷めた様子がなんとも歯がゆい。

自信を持つなとは言わないが、建築も社会も理屈だけで割り切れるほど単純ではない。大学を出た後、厳しい現実を生き抜いて自分の仕事を貫くために必要なのは、何としてもあきらめない貪欲さだ。最高学府に集うエリートだからこそ、誰にも負けない、強く熱い心を持ち続けてほしいと思う。

連戦連敗

しつこく挑戦、次の糧に

緊張感の中で創造力磨く

JR京都駅の大階段を見あげる度、優れた建築への素直な感動と、悔しさが込み上げる。1991年、新しい京都駅の国際建築コンペ（設計競技）に指名を受け、参加した。鉄道によって分断された京都の南北を空中広場と巨大なガラスのゲートで結びつける〈平成の羅生門〉のアイディアで臨み、最終選考まで残ったが結局は落選。当選した当時東大教授であった原広司さんの案は確かに魅力的だった。現実に出来上がった建物を前にすると、改めて構想力の違いを思い知らされるのだ。

2001年秋、東京大学で行った連続講義を本にした。タイトルは「連戦連敗」。建築家は夢を持って向っても大抵思い通りにはいかない。その負け続きの人生を生き抜く自信があるなら頑張ってみろ、と私自身の体験をふまえ学生たちへ私なりのエールを送った。

本が刊行されると、周囲の友人には「連戦連勝だろう」と冷やかされたが、彼らは現実を知らない。公募型のコンペなら、数百の設計事務所がライバルとなる。建築のアイディアだけを武器に戦いぬけるのは容易なことではない。どんなに力を注いでも負ければゼロだ。でも、そのアイディアは、きっと次の建築に生きる——そう思って、しつこく挑戦を続け、連敗記録を更新する。

コンペは建築家にとって真剣勝負だから、競争者の優れた案を見ると、力量の差を思い知らされ、恐ろしい。正解は一つではないが、明らかな優劣は致し方ない。現実を突きつけられ、負けからまた学ぶ。しかし、そういった不安と緊張感の中でしか生まれない創造力がある。挑戦しなければ、向上は望めない。

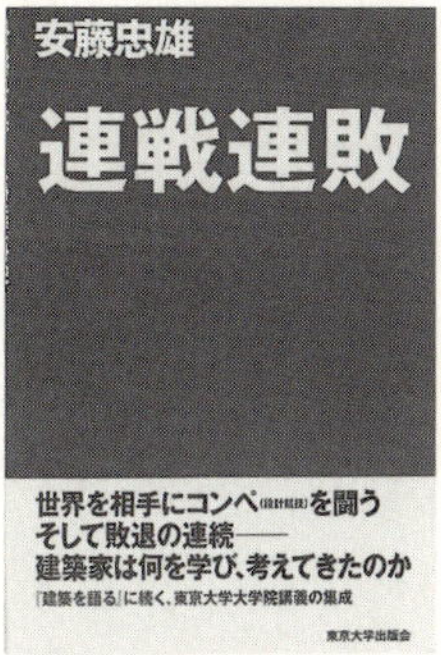

東大での講義録をまとめた

あきらめずにいると、ときに勝利が舞い込むことがある。2001年、ちょうど「連戦連敗」の講義をしていた頃、挑戦した国際コンペの当選が決まった。フランス、パリのセーヌ川に浮かぶセガン島につくる現代美術館で、クライアントは、クリスティーズやシャトー・ラトゥール、グッチなどを所有する世界有数の資産家フランソワ・ピノー氏。敷地は、元国営企業であった、自動車会社ルノーの大工場があった場所で、1968年、フランスの労働者運動の発祥の地。哲学者、ジャン・ポール・サルトルがまさにこの地で、声を張り上げ、彼ら労働者の権利を擁護して演説を繰り返した。私自身、ちょうど二度目のヨーロッパ旅行の途中でパリの友人宅に寄寓していたときのことで、怒る学生たちの大群衆に混じり、カルチェ・ラタンの歩道の敷石をはがして投げていたので、思いひとしおであった。

計画規模、敷地条件共に、やりがいのある面白い仕事だ。当選以降は現地にも協力チームをつくり、無我夢中で取り組んだ。そうして実施設計まで完了、敷地の既存建物も解体され、着工まであと一歩というところで、まさかのストップがかかった。美術館が出来ても、市が行うべきその周辺の都市インフラ整備が追いつかないと、業を煮やしたピノーさんが中止の決断を下した。

担当スタッフたちは、落胆したが、私まで気落ちしていたら、小さい事務所は潰れてしまう。その分、他の仕事を頑張ろうと仕切りなおしていた所で、ピノーさんから思いもよらぬ知らせが届いた。敷地をイタリア、ヴェネチアに移して、もう一度、一緒に美術館をつくろうというのだ。

上―パリ、セガン島の敷地にて、
フランソワ・ピノー氏と著者
下―プンタ・デラ・ドガーナ（ヴェネチア）
撮影：小川重雄

今度は、新築ではない、大運河に面する17世紀のヴィラの改造による美術館。ヴェネチアならではの歴史的建造物保全の厳しい法律に苦戦しつつ、短期間で何とかつくりあげる。続いて、サン・マルコ広場の対岸にある「海の税関（プンタ・デラ・ドガーナ）」の改造計画のコンペにピノー氏とチームを組み参加。当選を果たし、2007年から工事を始めた。翌年の世界同時不況で、もしやと不安もよぎったが、大運河にアートネットワークをつくるという、ピノーさんの思いは揺るがない。2009年6月初め、刺激的な現代アート作品と共に美術館は予定通りオープンした。

連戦連敗で、厳しい世界を戦い抜くと、ときに思いもよらない形で夢が叶うこともある——だから生きることは面白いのである。

たくましい女性たち 1

こどもの可能性引き出す空間

まどのそとのそのまたむこう

経済大国としての顔を失い、今や国際社会の中でも存在感が希薄になりつつある日本であるが、いまだに海外の人々からうらやましがられる一面がある。それはこの国が世界一の長寿の国ということだ。とりわけ女性の平均寿命は90歳へと近づき、いつまでも若く活発な方が多い。私もこれまで、沢山の魅力的なクライアントとの出会いがあったが、とりわけ印象に残るのは、実年齢は若いとはいえないが、好奇心と探究心にあふれた、とびきり元気のよい女性たちだ。

東日本大震災の被災地となり、原発の事故のためフクシマと、はからずも世界にその名を広めてしまった福島県のいわき市に、子どものための絵本館をつくって欲しいとの依頼を受けたのは、2002年のことだった。依頼主は、地元で幼稚園を運営する、当時70歳の巻レイさん。大阪から片道6時間以上という敷地の遠さに、当初は依頼をお引き受けしないつもりだった。しかし何度お断りしても、巻さんはあきらめなかった。絵本を通して子どもたちに心の世界を伝えようと、30

年にもわたって世界中の絵本の蒐集を続けて来られたという巻さんは、絵本館の実現への思いを手紙にしたためて送ってこられた。私が設計した姫路にある兵庫県立こどもの館や、上野の国立国際子ども図書館を見て、感銘を受けたのだと言う。「子どもたちに対する丁寧な気持ちを感じ、この仕事を頼むのは安藤さんしかいないと思った」とおっしゃった。その熱意にうたれて、引き受けることになった。

イソップ物語、グリム童話などに収録された数々の物語、なかでも「みにくいアヒルの子」「三びきのこぶた」や「アリとキリギリス」、「北風と太陽」「不思議の国のアリス」など数え上げればきりがないが、子どものころ読んだ代表的な絵本の話は生涯心に残る。絵本館は、子どもたちと絵本との大切な出会いの場となる。

「やっぱり遠いけれど引き受けてやってみよう」

敷地は太平洋に面した断崖絶壁の上に位置している。訪れる子どもたち一人一人が、恵まれた自然環境を感じながら、美しい絵本の数々と心の対話ができるような場をつくろうと考えた。館内では、全ての絵本が表紙を表に向けて展示され、子どもたちは自由に選び、手に取ることが出来る。巻さんは、次の時代の子どもたちの心を育み人間性を築きあげていくことが大事だと語り、出来上がった絵本館に、ご自身お気に入りの絵本から名を借りて「まどのそとのそのまたむこう」という名を付けられた。子どもたちに、窓の外に広がる無限の世界を感じて欲しい。巻さんと同様、私もそう願っている。

この絵本館が海外の雑誌にもとりあげられた。2007年10月に巻さんから私に届いた手紙には、「うちの子供たちが絵本を見ている姿が世界の人々の目にふれるなんて考えもしなかったことなのでとても感激しています。こんなおばあさんにたえまなく夢を与えてくださったことに感謝します」としるされていた。

今回の震災で、福島は不幸にも被災地となったが、巻さんがみずから探し当てた崖上の敷地ということも幸いし、建物はしっかり立ち、津波の被害は最小限にとどまった。しかし周辺はひどい状況で、原発の安定・収束も含め、一刻も早い復興が望まれる。私も微力ながら、なんでもできるこ

完成した絵本館にて巻レイさんと著者
写真提供：「ミセス」2005年8月号（文化出版局）より

絵本館を訪れた子どもたちと。後列左が巻レイさん、中央が著者
写真提供：「ミセス」2005年8月号（文化出版局）より

とはしたいと強く思っている。

震災の二年前に巻さんは病を得て残念ながら亡くなってしまった。いまはお嬢さんが母の遺志をついで頑張っている。

ふたたび子どもたちの笑顔があふれる絵本館が再開される日が待ち遠しい。

いわきの絵本館の他にも、いくつか子どものための施設をつくってきた。その一つに、静岡県の伊東市につくった野間自由幼稚園がある。この幼稚園を特徴付けているのは、幅六メートル、長さ六十メートルという広大な縁側空間だ。

2011年に亡くなられた、講談社の社長だった野間佐和子さんから、戦後間もない頃(1948年、当時の講談社社長で佐和子さんの父上、野間省一によって)開園した野間自由幼稚園の建て替えを依頼されたのは2000年のことだった。美しい芝生に覆われた一万五千平方メートルの敷地は元々、日本初のノーベル賞候補となった細菌学者で破傷風菌の純粋培養に成功し、のち1914年に北里研究所を設立したあの北里柴三郎の別荘のあった場所だ。

「子どもたちが自然の中で元気よく駆けまわれるような幼稚園を」

野間さんのイメージを実現するために、私が提案したのがこの縁側だった。広大な芝生に面したこの半屋外の縁側空間は、子どもたちが大いに語り合い、駆け回り、自分の頭で考え、行動できる

芝生広場の安田侃の彫刻で遊ぶ子どもたち
（野間自由幼稚園）
写真提供：「ミセス」２００５年８月号（文化出版局）より

場として重要な役割を果たすのではないかと考えた。

また、野間さんのアイデアで、芝生広場には彫刻家、安田侃（やすだかん）の作品が設置された。まるい大理石の彫刻の周りで子どもたちが、座ったり飛び乗ったり寝転んだり、各々の自由な発想で遊ぶ光景を見て、その意図を理解した。遊びでも何でも、みずから発想し、創造することの面白さを、子どもたちには知って貰いたい。そんな願いが込められているように感じた。

佐和子さんのこどもに注ぐ目の確かさが感じられた。

横浜のそよかぜ保育園も、90歳を目前とした園長の高畠輝さんの熱意で実現したものだ。若い頃、横浜のミッションスクール、フェリス女学院で学ばれた高畠先生は、幼児の教育にこそ人間復活の鍵があることを長年の保育経験のなかで信念をもって訴えてこられた。ひとり一人の幼い子どもたちの性質を見極め、子どもたちの声を聞き、お菓子作りや毛糸をつかった手編みなども幼児たちと共に楽しみながら教え、手と頭の連動が大切であることを学ばせる。こういった、次代を担う子どもたちに対する深い愛情を持った女性たちのエネルギーには、いつも感服する。彼女たちの強い好奇心と豊かな発想力、そして夢を実現する実行力を、日本の男性たちは見習わなければならない。

広々とした縁側をこどもが自由にかけまわる（野間自由幼稚園）
写真提供:「ミセス」2005年8月号（文化出版局）より

たくましい女性たち 2

アートのための空間

受け継がれた10年越しの夢

女性が力強いのは、なにも日本に限った話ではない。2001年に、アメリカ中西部の主要都市セントルイスにつくった、ピューリッツァ美術館。この仕事を通しても、一人の女性の強さを思い知らされることになった。

依頼主であるピューリッツァ夫妻とは、もともと、東洋館の設計を通じて親しくなったシカゴ美術館(シカゴ・アート・インスティチュート)の、故ジェームス・N・ウッド館長の紹介で知り合った。

1991年、はじめてセントルイスのご自宅に招かれて驚いた。食卓のおかれたダイニングルームの壁には大きなモネの『睡蓮』が架かっている。正真正銘本物のモネである。その付近にはピカソの彫刻が無造作に置かれている。他にもマティスやブランクーシの作品が並ぶ光景に圧倒された。いただいたランチはサラダとチーズにパンと簡素なものだったが、モネの『睡蓮』を目の前に、名画や彫刻に囲まれた空間でもてなされる食事は、私が生涯体験したことのないほど豪華だった。

庭にはリチャード・セラの鉄板の彫刻が列をなしている。アレクサンダー・カルダーの作品が青空を背景にゆれている。アメリカの美術蒐集家の目と財力にあらためて感動した。

私への仕事の依頼には現代美術家のエルスワース・ケリーやリチャード・セラの推薦もあったと聞いている。夫妻の美術に対する深い造詣や、理解力にはただ驚くばかりで、共に仕事を進めていくのは大変刺激的だが、同時に緊張の連続だった。

1991年、セントルイスのピューリッツァ夫妻の自宅にて。
ジョセフ・ピューリッツァ・ジュニア（左上）、
エミリー・ピューリッツァ（右上）夫妻と著者、妻の由美子

私はその時まだ、恥ずかしいことに、ピューリッツァがあの報道写真やドキュメンタリーの優れた作家に贈られる世界でもっとも有名なピューリッツァ賞を創設した方とは知らなかった。私たち日本人の耳に聞こえるピューリッツァと英語のそれ、プリッツアとは発音がまったく違っていたのだ。後でジム・ウッド館長から聞かされた時には大変驚いた。

はじめに依頼されたのは古い自動車の修理工場を改修して美術館をつくる計画だった。しかし、設計がほぼ完了した頃に、高齢だった夫のジョセフ氏がガンで亡くなってしまう。他にも都市計画にかかわる問題がおこったり、様々な状況の変化があり、計画は半ばにして3年間中断した。それでも夫人のエミリー・ピューリッツァはあきらめなかった。その強い思いで計画を再開、敷地を別な場所に変えて実現させた。完成まで十数年の歳月を要した。機能と美術に関しては基本的には夫人の指導のもと設計を進める形となった。私も、この建物にかける夫人の熱意に常に圧倒されながらも、なんとかその思いに応えようと一生懸命になって仕事に臨んだ。

リチャード・セラやエルスワース・ケリー、現役の美術界の巨匠とコラボレートしながら、展示空間を構成する。芸術家の扱いは難しい。自己主張の塊のような彼らは、自分の意志を貫き、最後まで決して譲らない。しかし、もともとセントルイス美術館のキュレーターだったエミリーも負けてはいない。亡き夫との夢を実現させようと、最後まで頑張り続け、お互い妥協のない美術館をつくりあげた。そのパワーたるや、さすがはアメリカでも有数のキュレーターだと、感服せざるを得

常設展示のエルスワース・ケリーの作品（ピューリッツァ美術館）
photo：Robert Pettus

ない。

美術館は、建物が完成して終わりではない。開かれる展覧会のたびごとに、何を鑑賞者たちにみせるのか、手腕が問われる。この美術館が国際的な評価を与えられ続けているのは、ひとえにエミリーの力によるものだ。美術や建物に対する深い理解と、尋常ならざる熱意。エミリーはそれらを併せ持った、まさに理想的なクライアントだった。

ドイツ、フランクフルトから1時間強、郊外のクルーズナッハにドイツ旧来の木造の小屋を改造した、石の彫刻美術館が2010年に完成した。この小さな美術館も完成に至るまでには長い年月と多くの物語があった。ここでも最後まで頑張ったのは、彫刻家、ウルフガング・クーバッハ夫人で自身も芸術家のアンナ・クーバッハ・ウィルムセンであった。

大阪にある老舗の画廊、新居ギャラリーの新居さんがクーバッハ夫妻を事務所に連れてこられたのは、1995年だった。小さな重い大理石の本を携えて、大柄で素朴な芸術家夫婦が、なんとしても自分たちの美術館を故郷のドイツの村につくりたいと相談しに来られたのである。二人の熱意には打たれるが、資金はないという。何とかするから引き受けてほしいの一点張りで帰られた。

何度かの手紙や資料のやり取りの後、97年、ふたたび二人がモノクロの大理石の本の彫刻をもって現れた。熱意は衰えていない。具体的な話も少しづつではあるが、進めた。その後、事務所から担当スタッフも現地を訪れ、順調に進むかに思えたが、やはり資金難は容易に解消できない。

そんな中、5年のガンとの闘いの末、2007年の4月、71歳になっていたウルフガング・クーバッハは病没した。初めてお会いしてからすでに10年以上が経ってしまっていた。諦めきれないアンナ夫人と協力者たちは美術館を建て、運営するための小さな財団をつくった。彼らに私が提案したのは、まったく新しい建物を建てるのをやめてドイツに特徴的な木造の家屋を改造して美術館と

クーバッハ夫妻と
本をモチーフとした石の彫刻作品

してつかうことであった。私の思いを理解したドイツの人々は村に古くから残る木造の小屋を探すことから始めた。

建設に必要な最低の技術をもつ村人の有志たちとアーティストの家族がこぞって、小屋を美術館に生まれ変わらせるべく、私の図面を手に、石を積み、コンクリートを混ぜ、木を削り、白壁を塗り、時間はかかっても、まさしく自分たちの手で芸術家のいとなみに参加している喜びを感じながら、完成までにこぎつけた。

今や、ちいさな村には観光バスがとまり、村の収入に寄与するくらいの人気で、多くの来訪者でにぎわっている。

建築という仕事は長い年月を要するものではあるが、特に海外での仕事は、初めてクライアントに会ってから、十数年かかって、やっと完成するケースが多い。それでも困難を困難と考えない前向きの人たちが夢を共有して頑張れば、かならず良い結果につながる。

とくに女性は常に夢を捨てず、驚異の持続力を発揮して、ものごとを最後までやりとげることを、ともに関わったいくつもの建築プロジェクトをとおして実感している。

エミリー・ピューリッツァ、アンナ・ウィルムセン。彼女たちに共通するのは、美に対する深い愛情とあくなき探究心、そして旺盛な好奇心とそこから生まれるエネルギーだろう。私が彼女たちから力を得、また教わったことは計り知れない。

完成したクーバッハの美術館
（ストーン・スカルプチュア・ミュージアム）　撮影：小川重雄

ストーン・スカルプチュア・ミュージアム　撮影:小川重雄

チームの力

セビリア万博

思いを共有、幾多の困難克服

大阪万博に辣腕をふるった堺屋太一さんが総合プロデューサーとなり、1992年にスペイン・セビリアで開かれる万博に日本が参加することになった。複数の中から私の提案が採用となり、パビリオンの設計者に選ばれた。

日本政府の代表はソニー会長だった盛田昭夫さん。いつも新しいことを追い求めていた盛田さんは、売り出されたばかりの携帯電話を持っていて、スペインから日本に電話してみろと私を促す。生まれて初めて携帯電話というものを使ってみた。何とも巨大で武骨な形をしていた。

堺屋さんは「生成りの文化」をテーマにしたいと提案。私は日本の文化を発信する基地として、地上三十メートル、木造ワンルームのパビリオンを設計した。その中に日本建築史のなかで最も独創性に富んだ織田信長の安土城天守閣の原寸模型を展示する計画だった。

日本のこころを表現するには、木造がふさわしい。しかし、スペイン側から反対意見があがった。

石造文化の国なので大規模な木造建築を対象とした法規そのものがなく、実現は難しいという。木造を規定した法律がないのなら、つくればいい。それほどの気迫で計画に臨んだところ、相手側が折れた。とはいえ、その後も悪戦苦闘が続いた。

なんとしても木造の大架構を実現したい。日本の大工を中心にスペイン、モロッコ、フランスなどの職人が協働して国際的なチームをつくり、木造に関して幾度となく話し合いをした。みんなが納得したところで工事に取り掛かった。材料はアフリカなど世界中から集めた。

日本館は入場者数も、評判も良かった。国際色豊かなチームが、世界各地の建材を使って日本文化の象徴である木造建築をつくるプロセスが評判になったからだが、もうひとつ思わぬことが幸いした。

90年に始まった湾岸戦争の影響で各国のパビリオンが工事を中断するなか、日本館だけは予定通り工事を続けた。「決めたことは実行する」という日本政府の判断は、問われるところだが、緊迫した世界情勢のなかで早々と完成した日本館は結果として、皮肉にもジャーナリストの関心を一手に集め、反響を呼んだ。

滞在中のセビリアのホテルにルチアーノ・ベネトンから仕事を依頼する電話があった。ヴェネチアに近い、トレビゾという街で、17世紀の古い家屋を改修してアートスクール「FABRICA」をつくる計画だった。セビリアでの経験をいかし、地元の歴史家、構造技術者、設備技術者を集め

上―世界最大級の木造建築としてつくられた日本館
撮影：松岡満男
下―ルチアーノ・ベネトンと著者

てチームをつくり、この手ごわいプロジェクトに臨んだ。共通するのは、皆が心底、建築好きということである。英語も話せない私が彼らと意思疎通できたのは、お互いに建築に対する強い思いがあったからである。

後にフランスの実業家、フランソワ・ピノー氏とヴェネチアで、歴史的建築物を保存、改修し美術館に再生する二つのプロジェクトをこのチームで手掛けた。「ＡＮＤＯ反対」のチラシがヴェネチアの通りのあちこちに貼られた。建築の元祖ともいえるイタリアの建築に、日本人が出てくるのが許せないのは理解できる。が、ピノーさんはかえって宣伝効果があると笑っていた。

幾多の困難にもかかわらず、無事完成までこぎつけることができたのは、ほかでもないチームの力であった。強いチームをいかにつくるか、が肝心である。

FABRICA（ベネトンアートスクール） Photo：Francesco Radino

美しい風景復活へ植樹

自然愛する心を次代に

瀬戸内

日本人の美意識は、四季の変化に富んだ自然の風景のなかで培われてきた。恵まれた環境の中で育まれた、世界に例をみない繊細な感性、家族や地域社会、自然を愛する心は、次代を担う子どもたちに伝えていかなければならない。

西宮の浜近くに弟たちが暮らしていたこともあり、私は瀬戸内海に特別な思い入れがある。子どものころ、夏になるとよく鳴尾の浜に泳ぎに出かけた。遠くに淡路島の島影を望む、穏やかで美しい風景の中で、日が暮れるまで遊んだものだ。

江戸末期に日本を訪れたシーボルトは、日本人の民族性と風景を高く評価した。なかでも瀬戸内海の美しさについて絶賛したという。五百以上の緑あふれる島々が浮かぶ瀬戸内海は、当時から素晴らしい景観を誇っていた。しかし陸に近かったため、古くから築城など大規模普請を目的に砂利や石が採掘されてきた。20世紀後半になると、沿岸域の工業化により自然破壊が進み、工場排煙や排水による公害が発生、産業廃棄物の投棄などによって緑は失われ、はげ山となって無残な姿をさらすことになった。

豊島(てしま)の産廃問題で闘ってきた中坊公平さんと、後に文化庁長官となる河合隼雄さんたちと緑化活動「瀬戸内オリーブ基金」を始めたのは2000年だった。荒廃した島々に美しい自然の風景を取り戻すため、一口千円の寄付金を集め、はげ山を中心に植樹する活動だ。

山口県出身で、瀬戸内海を愛するファーストリテイリングの会長兼社長、柳井正さんも活動に賛同し、ユニクロ全店に募金箱を設置し、集まった寄付金に同額を上乗せする、マッチング寄付を提案してくださった。また、全店の店舗スタッフから有志を募り、豊島での植樹などボランティア活動にも取り組んでくださっている。

ユニクロの世界戦略をけん引する柳井さんから、瀬戸内での地道な植樹活動を連想するのは難しいかもしれない。経済人の、意外な一面ともいえる。瀬戸内オリーブ基金は、その力強い協力もあってこれまでに三億八千万円の寄付金を集め、今も地道に植樹活動を続けている。

この活動の一環として、瀬戸内海の離島や沿岸部の小学校に協力してもらい、子どもたちがドングリを拾い、発芽させて育てるという取り組みも始めている。神戸市北区にある長尾小学校はとりわけ熱心だ。2007年に新校舎を建て、元の場所から移転したのだが、敷地は開発分譲地で周辺にも全く緑がなかった。

上―直島の草間彌生の彫刻「南瓜」と瀬戸内海
下―瀬戸内オリーブ基金のロゴマーク。
活動の一環として小学生によるドングリ・ネットワークが行われている

瀬戸内オリーブ基金
SETOUCHI OLIVE FOUNDATION

一年生がドングリを集め、発芽させて学校の周りに植樹し、卒業するまでずっと自分の木の面倒をみる。苗木に育つのに3年、それを植えて根付くまでに3年。子どもたちが卒業するころに、自分たちの植えた木は小さな思い出の森へと成長する。

この取り組みは、必ずしも全員が賛同しているわけではない。一部の父母や教師から、慣れない作業で「子どもがけがをしたら、どうするのか」と異論も出た。様々な意見はあるだろうが、私は、泥にまみれて木を植え、水を遣(や)る、その経験が強じんな生命力を持つ人間に育つ基礎になると考える。

子どもたち自身は、命あるものの不思議さを感じながら、植えた木を熱心に世話している。元気に木々を育てる彼らの姿に、今の社会に必要なものがみえてくる。

表参道ヒルズ

「心の風景」残した建物に

百人反対も粘り強く説得

1996年に、同潤会青山アパートメントの再開発計画の依頼を受けた。地権者の調整だけで多大な労力を必要とする再開発は、一般的に新しい提案をするのが難しい。この計画も同様で、私が計画を担当することに対し、百五十人の地権者のうち百人が反対、十人が賛成。当初はそんな割合だった。

何度か説得を試みても、反対者は粘り強く、意見は変わらない。既存のアパートに対する愛着が強い彼らは、建て替え自体を望んでいないのだから、無理もなかった。老朽化が進み、避けられないことを理屈では理解していながら、新たな計画に簡単に同意することもできない状態だった。

それならばと、こちらも腹をくくることにした。納得づくで物事を進めるためにはお互いの理解が不可欠だ。反対者の意見も、賛成者の意見も良く聞いて、徹底的に話し合い、妥協のない形で前に進めようと、心に決めた。

しかし三カ月に一回の打ち合わせは、気が重かった。多くの反対者を相手に意見を交わすのは、地獄のような時間だったが、じっくりと時間をかけて、対話を重ねた。

建築をつくる行為は、人を育てることに似ている。人間と同じように、敷地にも性格がある。一つとして同じ条件は無い。私たちはまず、既存の建物や、街並みの風景など、その敷地の個性を的確に読み取り、それを活かして計画に臨まなければならない。

教育も本来、子どもたちの性格にあった形で能力を伸ばすことを考えるべきだ。戦後の日本における画一的な教育システムの問題点はそこにある。子どもの個性を無視した教育は、まるで日本中どこに行っても見られる単調なプレファブ住宅で埋め尽くされた街並みのように、無味乾燥で深みのない人間を育てている。

既存の青山アパートメントにおける最も際立った特徴は「集まって住む」意図が明確に表れた中庭だった。新しい計画も、その個性を受け継ぎ、三角形の広場を中心とした構成とした。

初めてこの集合住宅を訪れたのは、1964年、東京オリンピックの年だった。ケヤキ並木と一体になって、長い間表参道の景観を形づくってきた趣ある外観が強く印象に残った。

1923年の関東大震災後、東京市長であった後藤新平らが推進した帝都復興計画の一環として、新しい形式の都市住宅供給を目的として発足した「同潤会」。青山アパートメントは、人々が安全で安心に暮らせる集合住宅の試みとして東京や横浜の各所に建設された「同潤会アパートメント」の一つとして、1927年に建てられた。

再建計画に当たっては、半世紀近く受け継がれてきたこの「心の風景」を、どのような形で残していくかを主題とした。我々は、建物の高さをケヤキ並木と同程度に可能な限り低く抑えることを念頭に置き、周囲の既存環境をいかに味方につけ、建物に取り込むかということに腐心した。それが、我々なりに考えた、表参道の同潤会青山アパートの次の時代への『再生』だった。

また、既存のアパートの、敷地南東端の一棟の保存を提案した。新しい建物が、周囲の景観だけでなく、人々の心象風景とも一体となって連続していくよう意図したのだが、この提案は地権者たちの猛反対を受けた。老朽化して汚く、天井は低く、安全性にも問題がある建物を、あえて残す必要がどこにあるのか——彼らの主張にも一理あったが、対話を重ね解決策を見出すまでに4年余りが費やされ、最終的に一棟をそのままの形に復元する案で合意を得た。

既存の風景を守るため、高さを地上六階に抑え、容積を確保する為には、地下三十メートルの深さまで建築を掘り下げる必要があった。敷地に並行して地下鉄の軌道があり、振動を伝えることは許されない。地上は人も車も通行量が多く、工事上の条件は最悪と言ってよかった。しかし施工を担当した建設会社は、この状況の中で、長さ三百メートルに渡る巨大な建築を寸分のズレもなくつくりあげた。日本の建築技術の高さに改めて感服させられた。

建築内部には表参道の坂に合わせた勾配二十分の一のスロープが立体的に織り込まれている。こ

ケヤキ並木の高さを超えないようつくられた
表参道ヒルズ　撮影：松岡満男

の案は、最大の地権者である森ビルの森稔社長との会話の中で生まれたものだ。店舗に段差が出来るので、当初私は反対だった。しかし原寸大の部分模型をつくって検討すると、工夫次第で面白いものになるのではないかと感じ、計画に取り入れた。四六時中、都市や建築のことを考えている森さんの、まちづくりに対する愛情の深さに敬服する。

設計を進めていく上で重要なことは使い手の意見をしっかりと聞くことだ。地権者と共に語り合い、意見を戦わせてきたが、数え切れない話し合いを経たからこそ、お互いに妥協のないものづくりを実現させることが出来たのだと思う。

またこの難しい工事をなしとげた技術者たちはすばらしい。世界各地で建築をつくっている私であるが、日本の建築技術は世界一だと思っている。ここでも技術者たちは品質、スケジュールをしっかり管理し、厳しい条件の工事を完成させた。彼らと共に仕事ができたことを誇りに思う。

東京オリンピック／海の森

ゴミの山を緑の森に

ひとつの地球のために出来ること

東京都は先日、2020年のオリンピックの候補地選びにふたたび立候補した。東京は日本のエンジンである。近年、沈みがちな日本が2011年3月の東日本大震災による激甚な被害を受け、ほとんど立ち上がれないほどの状態になっている現在、再び活力を取り戻し、元気になる為には、まず東京が強くならなければいけない。バブル崩壊から約20年あまり、沈滞し続けていた日本の社会だが、震災からの復興、そして新しい国家を築くためにも次の10年に向け、とにかく新しい一歩を踏み出そう――その根本にある思いは、前回、おしくも南米ブラジルとの競争に敗れた2016年のオリンピック東京招致活動のときと同じだろう。

前回のオリンピック東京招致の計画にあたり、グランドデザインに協力して欲しいと、石原慎太郎東京都知事から、何の前触れも無く突然要請を受けたのは、2006年の5月のことだった。

当時から強烈なリーダーシップを発揮していた石原さんに、「少しくらいは私の意見も聞いて頂けるのですか」と聞くと「もちろん」とのことだった。

何故、東京都民でもない私が、東京へのオリンピック招致をめざした計画に参加しようと決心したのか？　自身で振り返ってみれば、１９６４年の東京オリンピックが決まった頃、私は20代の青春真っ盛りであった。ときどき訪れる東京は大阪に暮らす私にとってはまさに大都会であった。

その東京という都市がどんどん近代化され、丹下先生の名作、代々木体育館に代表される競技施設がつくられ、公園が整備され、何もかも新しく、珍しく、まさに日本という国家が終戦から国民全員一丸になって復興に向け働きとおした先の夢の実現ともいえる。日本人は目的を与えられればそれこそ命がけで前に向かって働き、その目的を現実のものとするにすぐれた国民である。

60年代の日本はまさにオリンピック、万国博覧会開催という二大世界イベントを成功させたのである。

ふたたび夢を実現させて、日本の人たちを元気にしたいという思いから引き受けたのである。

東京都は２０１６年開催を目指して誘致活動に力を注いでいたが、東京での開催には国民全般からはもう一つ賛同が得られず、国際オリンピック委員会からの採点にもそれが悪い影響をおよぼした。多くの東京都民はオリンピック開催に向けてまたこの東京を大改造するために、道路のあちこちが掘り返され、ひっくり返されることに反対したのだ。都民以外も反対意見が多かった。

首都東京になにもかも集中することには勿論異論もあるだろうし、地方の疲弊状態は手のうちようもないくらいだから、異議もわからぬではない。しかし日本全体をけん引する東京に活力が戻るためには大きな経済的な刺激ともなるオリンピック誘致はかなり意味がある。

そこで10年後の東京の姿をどう描くか、この重責を担うメンバーとして指名されたのは光栄だったが、何しろ都市づくりの専門家ではない。大変難しい仕事となることは容易に予測できた。

まず最重要と考えたのは環境を中心テーマとして、大規模な都市改造は一切やらずに、既存の施設に手を加えながら使い、最低限の新しい施設を補充する。選手たちの長距離の移動をさけるべく、半径八キロ以内に選手村や練習場を設ける。緑を整備し、電柱の地中化や校庭の芝生化など、できることをやっていこうと計画した。

そのようなテーマのもと、緑の回廊=風の道を中心とする、10年計画のグランドデザインが組み立てられた。例えば、電柱の地中埋設化や、地球温暖化に対処すべく小学校の校庭の芝生化の他、以前より進められている屋上緑化や壁面緑化の推進など、これまでの経済性を最優先した都市開発とは異なり、地球環境や景観を重視した次代に向けての新しいまちづくりが動き始めた。

東京が今後もますます〈魅力ある都市〉となるのに必要なのは、かつて1964年、東京オリンピックを日本で開催した時に求められたインフラ整備による〈成長〉ではなく、これから目指すのは、国家の単なる発展の姿とは異なるはずだ。市場原理に偏り、肥大化し過ぎた都市を制御し、

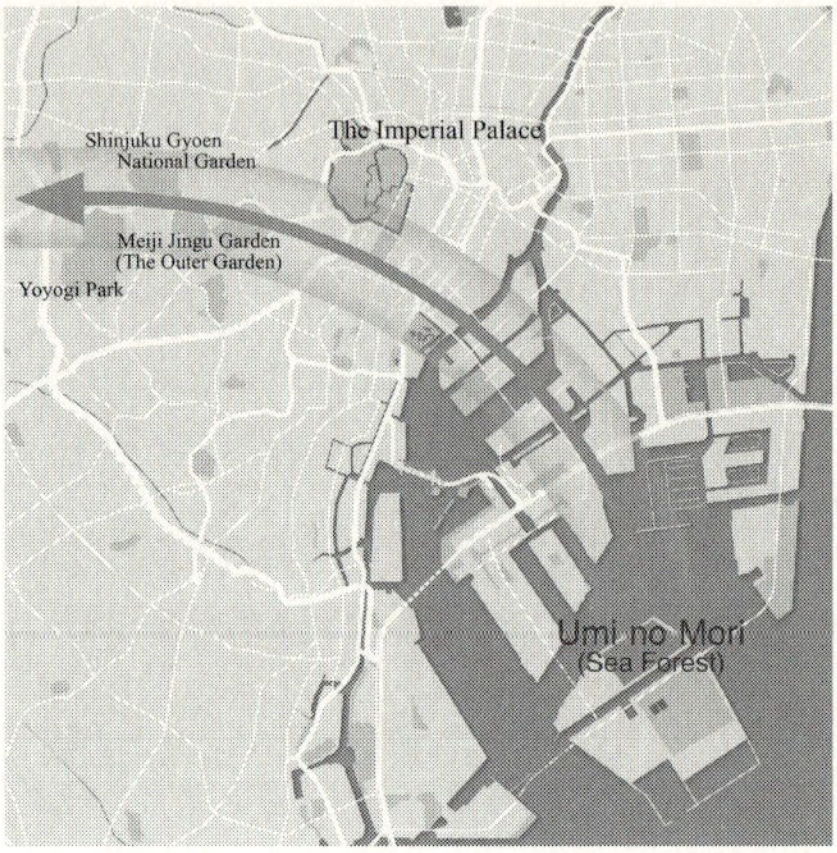

東京都市再編のグランドデザインコンセプト

人間と自然とのバランスのとれた共生を求める環境をどのようにつくっていくかという総合的な視点で都市を再編成していくこと。それが、都市としての〈成熟〉だと考えている。

また原子力に頼りきっていた日本のエネルギー政策が根底から問い直されつつある現在、循環型のエネルギーをいかに効率よく生み出せるかも都市の再整備と深く関わってくる。

電力を限りあるものと考えもせず、文字通り湯水のごとく使い続けてきた、我々日本人の生活を改めていかなければならないこの時期に、大量のエネルギーを消費する祭典としてのオリンピック開催をいかに位置づけ、いかに日本の復興とつなげていけるのだろうか？　異なった意見を持つ人たちも真摯に未来の日本像を描き、前向きに議論をかさねなければならない。

ニューヨークやパリやロンドンなど、世界中の人々を魅了してやまない巨大なスケールをもちながら、しかも人間味を失っていない都市は、そのほとんどが数百年という長い年月をかけて計画的に整備されてきたものだ。歴史を生かしつつ、交通手段の変遷に従って街路を整え、公園などの人工的な自然と、美術館・博物館などの文化施設を適切に配するなど、先人たちの苦心と検討の成果として現在の姿がある。ところが東京をはじめとした日本の大都市は、戦後の焼け野原から、経済成長とともに急速に発展してきたという経緯もあって、混沌とした街並みが形成されている。欧米に見られるような計画的なまちづくりとはおよそかけ離れた都市像とも言えるが、手遅れではない。とりわけ東京は、今も激しく変化し続けている。それを計画的にコントロールしていくことが出来れば、より魅力的な都市として〈成熟〉していくことが十分可能だと思った。

これらより良い環境の都市をつくりだす取り組みの一環として、発足したのが「海の森募金」だった。東京湾には、都市活動の結果生じたゴミと残土が三十メートルも積み上げられた、およそゴルフ場十八ホール分にも及ぶゴミの埋立地があった。

このゴミの山を緑の森に生まれ変えることはできないか？

途方もない計画ではあるが、もし可能なら、世界の大都市が直面している生活廃棄物の問題解決へひとつの提起ができる。

市民から一口千円ずつの寄付を募り、このゴミの山に苗木を植え、緑化して、海に浮かぶ美しい森に再生する。それが計画の趣旨だ。官民の協力無くしては実現しないが石原慎太郎東京都知事は賛同して大いに協力を申し出てくれた。

既存の緑の東京募金と海の森募金を一本化して計画をすすめた。これなら都市再生計画の象徴的な存在になり得ると考えた。

ゴミ問題と温暖化はいまや全世界共通の問題だが、東京の「海の森」はその解の一つを世界に向け発信していく「地球の森」となって欲しいとの願いが込められた。しかし一般の人々の賛同が得られなければ、計画は立ち行かない。不安一杯のスタートだったが、呼びかけに際して、アイルランドのロックバンドU2のボノや、2011年9月に亡くなった環境活動家のワンガリ・マータイさん達が、応援団に手をあげて下さり、活動の大きな弾みとなった。その力もあってか、取り組みは一般市民から大企業まで、予想以上の賛同を得て、足かけ5年で目標の五十万口、五億円の寄付を達成した。植樹は定期的に進められ、現場では緑豊かな森が育ちつつある。

2011年3月の東日本大震災では、東北のみならず、関東地方も深刻なダメージを受けた。原発の問題も含め、被害の規模は計り知れず、いまだ復興への道のりは遠い。しかし震災は、人々

上―「海の森」イメージ
下―「海の森」植樹式、右から著者、ミュージシャンのボノ、石原慎太郎東京都知事

が生活を見直す一つのきっかけにもなった。都心部では節電が求められ、安全で安心な代替エネルギー技術の開発が急がれている。今後、地球環境全体への対策を考えていく中で、今回の日本の厳しい経験が活かされる日は必ずおとずれる。この「海の森」も、自然とともに生きてきた日本人が世界に向けて、環境と共生していくことの大切さを訴えかける、循環型社会のシンボルとなればと考えている。「自然と共に生きる」というメッセージを、地球規模で伝えていくことができればと思う。

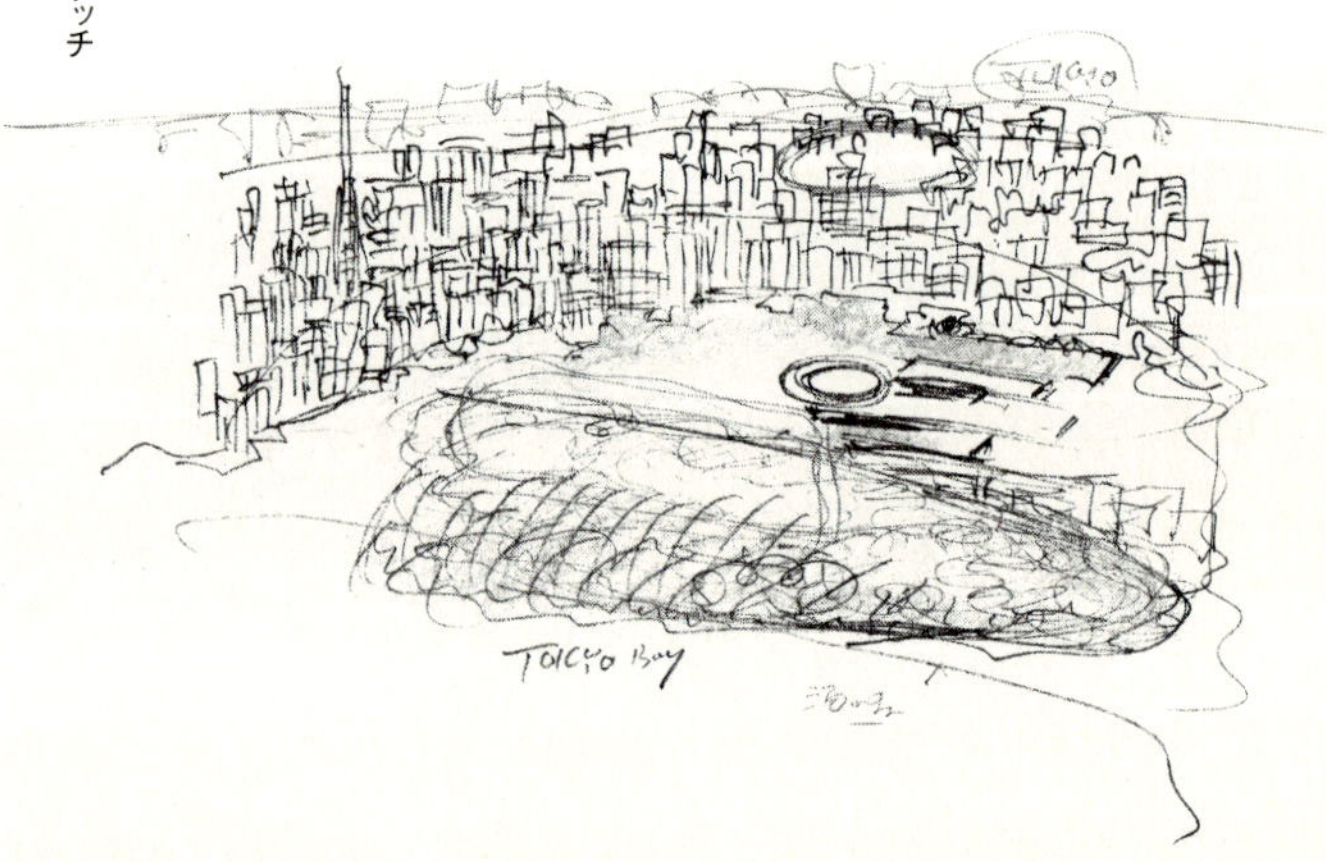

著者が描いた「海の森」のスケッチ

桜を植樹

市民の手で元気な街に

大阪人の公的精神、脈々と

「大阪は元気がない」といわれて久しい。天下の台所と呼ばれ、江戸時代から日本中の物資が集まる商業・経済都市として栄えた大阪は、明治以降も「煙の都」といわれるほど発展し、東京に次ぐ大都市だった。その活気は、戦後日本の経済発展がピークに達した1970年の大阪万博のころまで続いた。が、成功に甘んじたのか、80年代以降は下降の一途をたどる。

大阪は昔から「商人の街」であり、官に頼らない市民主導型でまちづくりをしてきた。幕末に栄えた大坂の私塾、緒方洪庵の適塾の精神。それを引き継ぐ形でつくられた大阪大学は、半官半民で設立され、費用の半分は民間が負担したという。いわゆる旧帝国大学のなかで、阪大は少々異端だった。「国立大学は京都にあるから大阪には不要」という国の方針に対抗する形で、大阪の経済界が自分たちでお金を出したのだ。

大阪人の意志の強さと高い公的精神を感じさせるエピソードは多い。「水の都」と呼ばれた大阪には八百八橋といわれるほど多くの橋があったが、それらの大部分は市民がお金を出した。住友家が寄贈した中之島図書館、相場師だった岩本栄之助の寄贈による中央公会堂など民間がつくった建築は、今も大阪の景観を構成する大切な要素だ。大阪にシンボルをつくろうと、昭和初期に再建された大阪城も寄付による。

この精神を受け継ぎ、自分たちのまちを自分たちでつくるため、2004年に発足したのが「桜の会・平成の通り抜け」だ。大阪の中心を流れる大川沿いには、全国的に知られる造幣局の桜の通り抜けをはじめ合計約四千八百本の桜が植わっていた。植樹によって三千本を加え、日本一の桜の名所・市民の庭を実現しようと計画した。桜の木は30年間のメンテナンス費用を含めて一本十五万円。計四億五千万円を目標に、市民から一口一万円の寄付を募った。

「ケチ」で有名な大阪人から、果たして寄付が集まるのか。また河川敷の管轄は大阪市、大阪府、国など複数にまたがっている。問題は山積みで、不安いっぱいだった。

計画は大胆に進めなければいけない。思い切って、当時圧倒的人気のあった小泉純一郎首相に一本目の植樹をお願いしたところ、快諾してくださった。2005年1月8日、小泉さんを招いた第一回記念植樹祭が実現。活動はスタートした。予想に反して驚くべき数の賛同が寄せられ、わずか半年で目標額の半分以上、二億五千万円が集まった。市も府も国も、境界を越えて協力してくださった。

元財務大臣の塩川正十郎さんも呼びかけにご協力くださった。当初「三百人分集める」と言われた時には驚いたが、最終的に八百人以上の寄付者を集めてくださった。塩川さんいわく、「政治家は発言以上のことをしないと信用されない」とのことだった。

無理を承知で始めた桜の会の取り組みは、大阪府知事、大阪市長の協力も得て足かけ7年、三千本の植樹を完了した。集まった寄付金は五億二千万円に及ぶ。しかし活動は終わりではない。植え

2005年1月
最初の一本を植える小泉純一郎首相（当時）

春、満開の桜が続く大阪
中之島の風景
撮影：市川かおり

た桜を、この先しっかりと育てていくことが肝心だ。

桜の植樹に続いて、「ゴミを出さないまちづくり」を市民に呼びかけている。日本一美しい都市を目指して、大阪人の公的精神にもう一度賭けてみたい。

東日本大震災

今こそ日本が一丸に

潔さ・粘り強さで難局打開

東日本大震災で旧知のとび職の親方、鈴木恵一が亡くなった。直後から宮城に住む彼の安否を確かめようと何度も連絡したが、返事はなかった。新聞の死亡通知欄に「七ケ浜、鈴木恵一（55）」の名を確認し、やっぱりと、肩を落とした。

出会いは1987年。東北博覧会でパビリオンを一緒につくった。足場工事用のパイプで建築をつくる前例のない計画に、「この仕事はおれに任せてくれ」と一言。その言葉通り、十数人の職人を引き連れ、困難な工事をやり遂げた。高さ二十メートルの足場に乗っている人たちは揺れていた。それでも問題を次々解決し建築を立ち上げていく。職人の誇り高い姿に感服した。あの、屈強な鈴木さんが津波にのみ込まれた。

パイプの建築を後に浅草の下町唐座として再構築した時も、駆けつけてくれた。めったに会わなかったが、いつもしゃきっとして、職人の美しさと強さを感じさせ、日本人特有の協調心と忍耐力を持っていた。災害の中、多くの人を助けようと無我夢中で働くうち命を落としたのではないか。

今回の震災は想像を絶する被害をもたらした。地震、津波、原発事故と災害は連鎖し、今も目に見えない不安が日本中を覆っている。とてつもないエネルギーの前に、なすすべもなくすべてが破壊されていく映像を目の当たりにして自然に対する人間の無力を思い知らされた。

今こそ、国は非常事態宣言を発令しなければいけない。国民全員が、全力で被災地の人々を支えるべきである。報道される被害状況は刻一刻と変化している。そんな中、何日も家屋にとじ込められ自衛隊に救出されたおばあさんが、迷惑をかけたと謝罪し、丁寧に礼を述べる姿や、自分たちが頑張って必ず故郷を復興させると声をあげる被災地の子どもたちの姿に涙が出る。


私は現在、アジアで多くの仕事を手掛けているが、大震災の直後、中国、韓国、台湾などのクライアントから義援金の申し出を受けた。「どこに送ればいいのか」と連日のように問い合わせがくる。役立ててほしいと、高額の小切手を送ってきた人もいる。彼らは同じ人間として救いの手を差し伸べているのである。

近代以降、日本とアジアの間ではぎくしゃくした関係が続いた。よく考えてみると、日本には、こちらからアジアを見るという視点しかなかったためではないか。それも、上の方から見てきたように思える。最近でこそ違ってきたようだが。

これからは、アジアから見ると、日本はどう見えるのかということをもっと考える必要がある。私も、仕事を通して「アジアはひとつ」「地球はひとつ」を実感している。お互いに助け合い、支え合いながら新しい世界をつくるべき時を迎えている。

多くの国々から救いの手が差し伸べられる一方で、市場は日本の状況を静観している。震災への対応は、日本という国の信用問題にもかかわる重大な問題だ。

かつての経済大国としての勢いは陰り、存在感が薄くなっていた日本に、さらに襲ってきた大災害。だが、私たちには、1945年の敗戦から見事に復活を果たした、潔く粘り強い国民性がある。今こそ、一丸となって厳しい現実に立ち向かわなければならない。それは、日本の存在感を再び世界に発信することにもつながるだろう。

「アジアはひとつ」と仕事を通じて実感（2012年完成予定の中国北京、国子監プロジェクトの工事現場）

人間性育む教育に未来

日本

実直な国民性・創造力の回復を

国際社会で先頭を切って走ってきたはずの日本はいま、存在感を失い、国際化の波に乗れず将来像がつかめない。

震災と原子力発電所の事故以来、曖昧な発言を繰り返し、正しい事実を国民や海外のメディアに伝えないわが国の政治家たちの言動には、アメリカのCNNやフランスのメディアの記者たちは、絶望に近い感想を述べている。

「こんな曖昧でいい加減な発言を続けていては、日本人同士ならまだしも、海外では記事にすることもできず、日本は世界から孤立し、その存在を忘れられていく」という発言に私は戦慄した。

21世紀、世界情勢は大きな変化の波の中にある。しかしわが国では教育はいまだに一律で、政治には信念がない。そこに追い討ちを掛けるかの大震災がおこった。人間の力の全てを打ちのめすほどの地震と津波が我々を襲った。我々は暴れる自然の猛威にただ呆然とたたずむ。

こういうときこそ一人一人が自分に何ができるのかを自らに問わなければならない。これまで日本人は歴史上二度の奇跡を起こした。そして今ふたたび奇跡を起こし、何としても我々は日本を復活させなければならない。

本来、日本人の国民性には素晴らしいものがあると思っている。自身の経験からしても土木・建築の技術力や、スケジュール・品質・安全衛生の管理能力は世界のトップレベル。他の分野でも繊細で緻密、探究心が強く勤勉である。それらは海外からも高く評価されてきた。

過去の奇跡の一回は明治維新のとき、幕藩体制から近代国家を一気につくったこと。その素地は三百を超える諸藩の教育体制である。現在の一律な教育制度とは異なり、藩ごとの特色が打ち出され、学ぶ人の目的と個性を考慮した教育が行われた。この熱心で柔軟な教育によって輩出した人材が新しい時代の扉をこじ開けた。

第二の奇跡は太平洋戦争の敗戦後、数十年の間に復興し世界有数の経済国にまで発展したことだ。廃墟と化した地で大人たちが寝食を忘れて働き、子どもたちが元気に目を輝かせる姿を見て、海外から訪れた人々は「この国は必ず復活する」と口を揃えたという。しかし「経済大国」と謳われ始めた1969年頃から、日本人の実直な国民性が色褪せてゆく。私が建築家として仕事を始めたのも、丁度この頃だ。1970年の三島由紀夫の割腹は、今思えば以降の日本人の精神の凋落を予想し警鐘を鳴らしていたのかもしれない。

人々は考えなくなり、闘わなくなった。経済的な豊かさだけを求め、生活文化における本当の意味での豊かさを忘れてしまった。

未来を担う子どもたちは親の意思で知識を詰め込む塾に通わされ、創造力を養うための貴重な時間を失っている。本来子どもは友達と自由に、自然と戯れながら遊ぶ中で、好奇心を育み、感性を磨き、挑戦する勇気や、責任感を養うものだ。今、子どもたちは親の敷いたレールの上を走ることに精一杯で、過保護に育てられている。自分で考えるという体験が絶対的に不足しており、緊張感も、判断力も、自立心もないまま成人し、社会を支える立場に立つことになる。

正しい価値観で物事を決めることが出来ず、国際社会で立ち遅れている今の日本と、子どもの教育を取り巻いてきた状況は決して無関係ではない。

中でも１９７０年以降に大学の入試制度の改善が検討された結果、１９７９年に教育の現場に取り入れられた、共通一次試験や大学入試センター試験の制度は、もともと目指した大学入試の競争を緩和するどころか、受験産業の介入と偏差値による受験生の選抜と、大学の序列化をさらに増長した。数字にのみ、若者の能力を置き換え、本来、多くの可能性をもつ年代の学生をマークシート方式の試験で単純に優劣をつける受験戦争が、わが国の活力を奪ってしまったともいえる。国家の活力と教育は大いに関連性があり、この受験体制を根底から変えていかなければ、この国にふたたび光が見えないと私は考える。

私は大学の教育を受けていない。自分で生きる力を身につけなければという思いを人一倍強くもってきた。だから自分の意志が希薄で、人と直接ぶつかり合おうとしない、芯の弱い若者や子どもたちをみていると、日本の将来に強い危惧の念を覚える。

人間性を育む教育を行い、自分なりの価値観をもった『自立した個人』をつくり、家族や地域への愛情をもった日本人の国民性を回復しなければ、未来は見えてこない。

彫刻家、カミーユ・クローデルを姉にもち日本の美術に興味をもっていたが、1921年から7年間、駐日大使となって、更に日本文化に深い理解を示したフランスの詩人のポール・クローデルは、同じく友人のフランスの思想家で詩人であったポール・ヴァレリーに「私はこの民族だけは滅びて欲しくないと願う民族がある。それは日本民族だ」と話していたという。その日本はいま、存亡の危機を迎えている。

東北地方にあれだけの犠牲者を出した今こそ、第三の奇跡をおこすべく、日本は真の意味で変わらなければならない。

まず飼いならされた子どもたちに野性を取り戻させたい。野性を残した子どもたちが知性を身につけ、自らの意思で世界を知り、学べば、日本を生まれ変わらせる可能性をもつ人材が育つだろう。この国が再び生き残るには技術革命より、経済より、何より自立した個人という人格をもつ人材の育成が急務である。

真の人格を育てる教育にこそ劣化した人間と国家の再生がかかっている。

著者直筆のメッセージと似顔絵判

追伸
桃・柿育英会の取り組みを通して

被災地で、子どもが津波にさらわれ行方不明となっている一人の母親に出会った。「息子は必ず生きている」と語りながら、毎日、昼夜を分かたず我が子を探すその姿に、私はかける言葉を失った。

3月11日、東日本の広域を容赦なく破壊しつくしたあの大震災から1年経った。それまで日本の抱えていた諸々の厳しい問題点が、震災をきっかけに一気に噴出したかのような一年だった。戦後の復興から高度経済成長を経て、物質的豊かさをひたすら追い求め、バブル経済崩壊という絶頂期を最後に、以降混迷を続けてきた日本社会に、災害は更なる打撃を与えた。

これまで幾度となく話題にされてきた資源・エネルギー・食糧の問題は突然具体性を帯びはじめ、人々はこの避けては通られない問題と対峙せざるを得なくなった。これから、この日本は一体どうなってしまうのか。国民の不安は膨らむ一方だ。

私は復興への第一歩として、被災地の人々の心を束ねる「復興の森」づくりを提唱している。安全な高台や、瓦礫の山に草花の種をまき、苗を育て、各地の植生に適した木を植える。亡くなった人々の魂を鎮めるために、地元の人々と共に「ふるさとの森」を育てていく計画だ。

三陸地域で伝わる「津波てんでんこ」という言葉がある。——津波の際は、肉親に構わず、てんでんばらばらで良いのでとにかく高台に逃げろ——先人たちは、先の災害の教訓を、言葉にして後世に託した。この津波の脅威を、今回は「鎮魂の森」という形で伝承してはどうかと考えている。植えられた木々は、人々の心の森として成長しながら、悲惨な災害の経験を、二度とくりかえさないために、次の世代、またその次の世代へと伝える役割を担っていく。

17年前の1995年1月17日、神戸をはじめ兵庫県の各地に甚大な被害をもたらした阪神・淡路大震災を経験した私たちは、「桃・柿育英会」と名づけた遺児育英資金を有志の方々と立ち上げ、震災で親を亡くし、学業を断念せざるを得なくなった子どもたちの育英資金を広く募った。10年にわたる活動を経て、多くの企業や個人の方々のご協力をいただき、総額四億九千万円を超える育英資金を、兵庫県の教育委員会を通して遺児たちに分配することができた。

今回の東日本大震災で、被災地で出会った一人の母親の姿から、親子の繋がりの尊さが今更ながら心に深く刻まれた。逆に、保護者たるべき親を一瞬にして亡くした子どもたちは今、どんな気持ちで過ごしているだろう。まずはその子たちの力にならなければいけない。そう考えた私は、「桃・柿育英会」を数名の文化人、学者、財界人たちと再び立ち上げた。参加者には、一年一万円の募金を10年間続けていただく。少なくとも10年は、被災地の子どもたちの成長を見届けたいという願いを込めた。

事務局は私の設計事務所に置いた。頂いた寄付金はほぼ全額を遺児・孤児に手渡すため、必要経費もスタッフも、ほとんどボランティアで対応している。反響は大きく、発足を発表して以来、連日電話が鳴りやまなかった。多い時で日に三百件もの申し込みがあった。発足から半年が過ぎても、日に二十件以上の問い合わせがある。

申込の大半は女性で、しかも60歳を超えたご高齢の方が多い。電話で、「10年間、生きていられるか解らないが最後まで頑張りたい」とつぶやく80歳のおばあさんもいた。やはり今の日本を支えているのは、女性のエネルギーだと痛感する。

「桃・柿育英会」は、予想をはるかに上回る反響を呼び、2011年末で約2万5000口の参加申し込みがあった。どれだけ多くの人々が、被災地の力になりたいと考えているかが良く解った。日本人もまだまだ捨てたものではない。こういった一人一人の思いをうまく紡いでいくことが出来れば、復興に向けての大きな力となる。

被災地の人々は何より生きる目標がほしいと思っているし、国民も被災地の復興を自分たちの未来と重ねて、注目している。今回、私が被災地で感じたのは、東北には、まだ「家族」が残っているということだった。それは戦後日本が、経済大国へと上り詰める過程で失った、一番大きな代償だった。家族や地域社会といった人と人の絆を中心とした国づくりを、東北の被災地を手本にして行っていかねばならない。

お金で出来ることは限られている。子どもたちの生活を支えていくのは、地域社会をはじめとした人の絆だと考えている。そして遺児たちには、ぜひ自分たちの力で、その先の希望を見出して欲しいと願う。私たちは、そのサポートが出来ればと考えている。こうした一つ一つの取り組みが、日本が元気を取り戻すきっかけとなるような復興へとつながっていけばと思う。

「桃・柿育英会」のロゴマーク

初出　日本経済新聞朝刊　２０１１年３月１日〜31日
＊単行本化にあたり加筆しました。

仕事をつくる

私の履歴書

安藤忠雄 あんどう・ただお

1941年大阪生まれ。建築家。独学で建築を学び、1969年に安藤忠雄建築研究所を設立。79年「住吉の長屋」で日本建築学会賞。代表作に「光の教会」「大阪府立近つ飛鳥博物館」「淡路夢舞台」「FABRICA（ベネトンアートスクール）」「フォートワース現代美術館」「東急東横線渋谷駅」など。イエール大学、コロンビア大学、ハーバード大学の客員教授を務め、97年東京大学教授、03年から名誉教授。93年日本芸術院賞、95年プリツカー賞、05年国際建築家連合（UIA）ゴールドメダルなど受賞多数。10年文化勲章受章。著書に『建築を語る』『連戦連敗』など。

2012年3月11日　第1刷
2012年7月3日　第9刷

著者　安藤忠雄
発行者　斎田久夫
発行所　日本経済新聞出版社
http://www.nikkeibook.com/
東京都千代田区大手町1-3-7
郵便番号100-8066
電話　03-3270-0251（代）

印刷・製本　凸版印刷

ISBN978-4-532-16816-2　Printed in Japan

日本経済新聞出版社の好評既刊書

随想 2011

日本経済新聞社編

「東北がゆれた年、日本がふるえた年」を日々報じてきた日経新聞の文化面で作家・建築家・芸術家が綴った随想59篇は、冷静な混乱の後の日本人の内面をつぶさに見つめてきた。それでも生は続く。

●2400円

奇縁まんだら 終り

瀬戸内寂聴／画・横尾忠則

各界の第一線で活躍した物故者136人との秘話を綴った5年にわたる日経の看板エッセイ、遂に完結！ 東日本大震災への鎮魂の意味も込め、現在の日本の骨格をつくった人達の力を呼び覚ましてくれます。

●1905円

帝国ホテルの不思議

村松友視

日本屈指の老舗名門ホテルの伝統の力を、直木賞作家で『俵屋の不思議』の著者が宿泊部門からバーテンダーまで30人の仕事観を通して浮き彫りにするノンフィクション。普段は見えない舞台裏のカラー写真も満載！

●2400円

野いばら

梶村啓二

第3回日経小説大賞受賞！ 英国田園地帯の丘で波打つ清楚な白い花の群生。幕末の横浜での英国軍人と日本人女性との悲恋が種子となり、花ひらいたのか。21世紀の欧州での偶然の男女の邂逅が美しい薫りを蘇らせる。

●1500円

韃靼の馬

辻原登

対朝鮮貿易を取りしきる対馬藩危機存亡の時、窮余の一策が幻の汗血馬の馬将軍吉宗への献上。その使命を帯びたのは……かつて朝鮮通信使警固を務め、藩と幕府を救った若者がいた。壮大なスケールの冒険ロマン！

●2400円

●価格は全て税別です